AF187230

Ludwig Weibel
**Unendliches
auf den kleinsten Nenner gebracht**
Aphorismen

Books on Demand

Bibliographische Information der Deutschen National-
bibliothek. Die Deutsche Nationalbibliothek verzeichnet
diese Publikation in der deutschen Nationalbibliographie,
detaillierte bibliographische Daten sind im Internet über
http://dnb.dnb.de abrufbar.

© 2020 Autor: Ludwig Weibel
Herstellung und Verlag:
BoD – Books on Demand, Norderstedt
ISBN 9783750499065

Ludwig Weibel

Unendliches
auf den kleinsten Nenner
gebracht

Aphorismen

Inhalt

1

In blanker Geistesmünze

1.1

Die Welt befindet sich im Aufruhr,
Ich im reinen Lichte, das sie heimwärts zieht.

Das Entgelt für deine Taten wird von Mir
in blanker Geistesmünze ausbezahlt.

Was du immer liebst, ist Meiner Wohlgewogenheit
und Meinem Sinnspruch zuzuschreiben.

Was Mich besonders ehrt wird füglich auch
dein Seinsgewissen zu verehren haben.

An`s Verwandte fügt sich mählich auch
das Unbekannte an und lässt dein Schauen sich
in märchenhaften Träumen wiegen.

Kommst du, so komme Ich dir ungesäumt
entgegen und vereine Mich aufs Köstlichste mit dir.

Ich befehle und empfehle, was da *ist,*
im unikaten Seinsverfahren.

Nur die Nüstern hab Ich aufzublasen und
schon stürmen alle schreckerfüllt davon.

Ich Bin und Ich befehle was zu sein hat
im entzückenden Allhier.

Was greift dich so entschieden an, wenn nicht Mein
Drängeln um den Geistespol.

Du tänzelst um den Brei herum,
statt ihn gehörig auszulöffeln.

Ich wecke dich, bedecke dich mit Sanftmut,
Sagenhaftigkeit und Sinn
in deinem Künstlerleben.

Was du allmählich schätzen wirst ist das Brevier von
göttlicher Brisanz, das Ich dir ständig
unters Näschen dirigiere.

Sag: ich darf die Würde eines Gottes
in Mir tragen.

Ich entscheide so und so in unerbittlicher Manier
und Seinsdevise.

Was Mir einfällt, fällt auch deinem Sinnen
und Gedeihen zu.

In *einem* Punkt versammelt und zugleich ins Unendliche
verbreitet komme Ich Mir vor
in Meinem götterlichten Wesen.

Selbst wenn deine Argumente nicht stichhaltig sind,
so sind sie doch bestechend.

Der wachsam ist, wie Ich, an seinen Toren
lässt sich nicht von Dieben auf die Rolle schieben.

Ich Bin das Allgewitter, dass Ich seit Äonen wohlgemut
im Universensein entlade.

Mein Sein schwillt mächtig an, sowie Ich Mich in
Wahrheit, Wachheit und Bewusstheit
auf Mich selbst besinne.

Ich verleihe dir in hohem Masse Kraft von Kraft und
Frieden Meinem delikaten Lichtreich zu.

Willst du wirklich blitzgeschickt sein,
muss Ich es wohl glauben.

Ich gewähre dir, was du nur immer willst, in deinem
liebevollen Seinsverlangen.

In Mir *Bist* du, bevorzugt jederzeit
in übersinnlicher Manier.

Das Lächerliche kann nur dir passieren,
niemals aber Mir.

Mag das Allmenschliche allüberall stagnieren,
in Mir findet es den vielbegehrten Aufschwung
ins erhabne Seinsgewissen.

Du findest Mich in der berühmten Ruhe vor dem Sturm
und wirst ihn dann in völliger Gelassenheit erfahren.

Brillant ist, was Ich zu vergeben habe über deinem
Schatten in der menschlichen Misere.

Ich Bin das Urgewissen, das auch deine Seele
ins Unendliche erhebt.

Kannst du schweigen, schweige doch zuallererst vor Mir
und Meinem liebevollen Seinsgewissen.

Ich meine es so gut mit dir,
wann wirst du es mit Mir auch meinen?

Im Feld der guten Gaben ist so vieles
explizit für dich platziert.

Glaubst du nicht, es wäre an der Zeit, dass du dich
um Mich kümmerst in der kosmischen Kultur.

Ich Bin gespannt auf was du Mir versicherst
auf Mein inniges Verlangen.

Wehmut kann nur dich beschleichen,
Mich jedoch erfüllt die lichte Daseinsfreude im
Allraumen.

Wo willst du hin, wenn nicht
in Meine Götterarme sinken?

Gläubig sollst du in Mir untergehn,
um alsogleich beglücktes Auferstehn zu feiern.

Was du immer praktizierst, soll bewusst
in Meiner Grazie geschehn.

Nur mit Mir im Bunde Bist du wahrer Mensch und
wahrer Gott im grossen Einen.

Die Bewusstheit zu erfahren ging Ich aus und kehrte
hellwach wieder.

Das Schreiben: eine See erhabener und seelenvoller
Inspirationen.

Meines Wesens Duktus und Durchlässigkeit:
das Vorbild trefflichen und krisensicheren Gestaltens.

Dein Sein ist unfehlbar und siebenzart
mit dem Unendlichen verbunden.

Ich presche niemals vor, doch lenke Ich die Welt bewusst
und unfehlbar aus Meinen geisterfüllten Hintergründen.

So wahr ist, dass du Bist, wie es geschieht, dass deine
Füsse Meinen gottgeweihten Boden täglich übertreten.

Ich erwähne nur, was Mir bekannt ist von der
Seinsschatulle, die Ich eifersüchtig und gekonnt
der Profanation enthalte.

Meine Fäden sind bewusst mit dir in eins verflochten,
damit du wunderbar gedeihst an Meinem Fürstenhofe.

Ich schenke dir Mein Wort und du hast Mir das deine
anstandslos zurückzugeben in der gottgeweihten Tat.

Befasse dich bewusst und gläubig mit dem Wohllaut
Meiner göttlichen Belehrungen, damit du wehrhaft wirst
auf deiner Wallfahrt zu den Seinsgebieten.

Dein Wollen sei dem Meinen vollends untertan,
damit Mein Schöpfertum bewundernswert floriert.

Ich verhandle nie in Meines Handelns sicherem und nie
verebbendem Gespür.

Was sich immer zuträgt ist von Mir ein Zeichen
sagenhafter Weltgewandtheit und gottseliger Regie.

Mir schwant Gutes in der Einheit aller Dinge,
die durch Mich geworden sind.

Relevant ist, was *Ich* täglich
auf die Weltenwaage lege.

Der Griff in Meine Taschen
bringt das reinste Gold hervor.

Im Glanz der königlichen Güter *Meiner* Provenienz
darfst auch du dich überglücklich baden.

Was Mich unberührt lässt, ist an einer Hand zu zählen,
was Mich anrührt jedoch nicht an abervielen.

Der Grundgedanke Meines Seins ist: Liebeskraft und
Genialität, Geschwisterschaft mit allem, was da *ist* und
Harmonie in Meiner eigenwilligen Struktur.

Siehst du dich verlassen, komme rasch zu Mir,
dann fühlst du dich beileibe nicht mehr so.

In der Gediegenheit des reinen Seins lässt sich gut leben,
weit über aller Weltenwirbel Kuriositäten.

Nicht mehr kappen lässt sich Meine Lebensfreude,
ist sie nur so recht in Schwung gebracht.

Ich zieh im Lichte Meiner selbst
seit Ewigkeit dahin
.

1.2

Bist du Mir treu, so kann Ich mit derselben Gottestreue
an dir walten.

Ich gewähre dir die Einsicht in Mein hoch erhabenes
System von Kräften, die das Universensein gestalten.

Du brauchst dich vor Mir nicht zu fürchten,
wenn du Mich begreifst und mit Erfolg und Wonne
Meine Wege estimierst.

Ich teile mit, dass alle, die da *sind*, zu Meiner exquisiten
Geisterschar gehören.

Wie solltest du dich gegen Meine Absicht sperren,
dich zum Flug in Meine Höhen
mit perfekten Flügeln zu versehn .

Die Kraft zum Guten ist noch immer von Mir
ausgegangen und zu Mir zurückgeflutet, zirkular.

Ich Bin und kann und niemand hindert Mich daran,
Meine Pläne seinsgerecht und krisensicher
durchzuführen.

Ich zähle auf die Allerwägsten, die geschlossen
hinter Meinem Weltenwerke stehn.

Die Konstanz, mit der Ich operiere,
ist in den Augen der Bewunderer schon längst zum
Mythos und zur Ehrenlegion geworden.

In Meiner Runde treffen sich die Mutigsten, die sich
das Vertrauen zu Mir felsenfest zugute halten.

Das Klägliche verschwindet in dem Mass, wie muster-
gültiges und gottbegnadetes entsteht.

Willst du wirklich aus dir selber operieren, reüssieren,
avancieren und prestieren?

Sinn von Meinem Sinn ist alleweil vonnöten,
wo geisterfüllte und erhabne Wirkungen erstehn.

Zuverlässlichkeit und Ehrlichkeit sind die Grundbegriffe
Meines Handelns am Natürlichen.

Was dein Begreifen haushoch übersteigt,
gehört bei Mir noch längst zum regulären Weltbetrieb.

Wormit sich die Gestirne messen ist die Seinsdynamik,
die ihnen wunderbarerweise innewohnt.

Das Redliche ist immer auch mit einer Prise
Seinsgerissenheit verbunden.

Ich schalte Mich erst ein, wo selbst die Weltenbürger
ihren Ehrgeiz aufgegeben haben.

Die Konfrontation mit dem gewissen Etwas,
das in allem genialen liegt, begeistert und belebt
der Seele volles Winkelmass.

Wer von Vollendung spricht, muss erst bei Mir
im Unterricht gewesen sein.

Grandezza weiss sich mit dem Allerhöchsten
aufs beglückendste verbunden.

Ich spinne Meine Fäden ruhig über Kontinente hin,
die Völker miteinander zu vereinen.

In Tat und Wahrheit Bin Ich das,
wonach die Myriaden sehnlich streben.

Berittene sind auch nur Menschen auf der Wanderschaft
zum hoch erhabnen Gottesziel. Und du?

Der Benjamin in Meinem Haus zu sein soll dir
nimmermehr gefallen. Du bist gewiss zu höherem
berufen.

Die Weichen sind gestellt vor deinen aufmerksamen
Blicken, und die Fahrt geht schleunigst in die Richtung
auf Mein Ziel.

Beförderlich für dich kann nur, was *Ich* dir sage, sein im Geistessinne, blanko und fidel.

Es liest es sich wie ein spritziger Roman, was du von Tag zu Tag erlebst, seitdem du dich vollends an Mich und Meine wehende Standarte angeschlossen.

Agierst du Meinem Sinn gemäss, kommen dir die Lebensdinge alleweil in lächelnder Genügsamkeit entgegen.

Die Beharrlichkeit, mit der du dich auf Meinen Wegen hältst, ist als allgemeines Vorbild zu betrachten.

Wachheit ist das oberste Gebot in Meinem schicken Kulinarium.

Ich brauche nicht ins Kraut zu schiessen, weil Ich Meine Häslein längst daraus hervorgezaubert habe.

Was immer du von Mir erfährst, verströmt den Nimbus der Gottseligkeit in der Ich Bin und wese.

Ich verstehe auf der Tastatur des Seins so virtuos zu spielen, dass es dir gar lieblich in die Ohren klingelt.

Weltgewandtheit und Entschiedenheit verleihen Mir die Fähigkeit, das All zu schaffen und gerechterweise zu regieren.

Indem Ich Bin ist auch dein Sein wie aus den Zauberhut
hervorgezogen.

Kannst du ermessen, wie viel Energie Ich akkurat für
dein Erscheinen in der Welt verwendet habe?

Die Liebe zum Detail hält Mich auf Trab
für Ewigkeiten.

Kunstvoll und klammheimlich verrichte Ich an dir
Mein liebeschaffendes Gebet.

Das Spannende an deinem Zustand ist noch immer
Mein Befehl zum Gütigsein in deiner Tage Schlendrian
und Allegrie.

Das Dahinter ist verbindlicher, als das Davor,
für deines Lebens Wohllaut und Gehaben.

Wie Planeten kreisen Meine gottgesegneten Gedanken
um dein Haupt, um dir wahre Seinslust einzuflössen.

Was Mich bildet, gilt auch dir in der Verwegenheit
der götterlichten Taten.

Ich Bin darauf bedacht, in dir das Feuer der Begeisterung
für wahres Sein und Leben anzufachen.

Gehst du geschickt voran, so sind es immer *Meine* Hände,
die dich führen.

Wer darf Meine Schäfchen heimwärts führen? Alle, die
mit Vehemenz in Meinen wonnevollen Diensten stehn.

Lieb und leise überstreiche Ich dein Wesens Rarität,
um dir des Himmels Wohlgesang zu offenbaren.

Dein Geschick ist unfehlbar an Meins gebunden,
wie die Traube an den Weinstock, wie die Perle an die
Muschel, Jahr für Jahr.

Was du als endlichen Gewinn erachtest,
hat bei Mir schon längstens eingeschlagen.

In Meinem Frieden ruht die Seele
seinsbewusst und sonnenklar.

Die Welfen werden einstens Elfen sein,
im Repertoire der Güte und Gelassenheit
von Meinen Gnaden.

Auf die grüne Liste hab Ich dich gesetzt,
um dein Talent so recht hervorzuheben.

Anstösser an Mein Reich Bist du,
markant und fugenlos.

Ich stehe im Begriff Mich in dir aufzulösen,
mysteriös und wunderbar.

In Kürze wirst du Mich begreifen,
wie Ich immer für dich war.

Was die Gottesgüte fordert wird von Mir seit und je getan
in kosmischer Begrifflichkeit und Synergie.

Es zeigt sich, dass du jeden Tag beginnen kannst
wie je ein neues Leben.

Das Sinngeladne ist ein Fest des guten Willens
und der wohlbedachten Tat.

Ich Bin Gottseligkeit und Seelenenaugenfrische
in Person.

Ohne jede Willkür komme Ich voran in Sachen
Liebenswürdigkeit und wohlbesonnenem Agieren.

Trachtest du nach Frieden, sieh Ich schenk ihn dir
in allherrlichem Dich-rein-Bewahren.

Ich spende das zu spendende diskret
im Innenraum der Myriaden.

1.3

Ich Bin des Gottes
hausgemachtes Über-sich-Verfügen.

Getraust du dich, Mir ganz zu trauen,
werden deine Lebenszeiten licht und schön.

Kalamitäten türmen sich dort auf,
wo unsre Wege auseinandergehn.

Ich mache dir den Hof,
doch musst du Mir geschwind auch deinen zugestehn.

Ich lasse Meine Fülle sich
in dich verströmen.

Paragraphen sind nicht Meine Sache, doch
Grandezza im Quadrat Bin Ich im unendlichen Befragen.

Welche Schuhe passen noch für deine Grösse,
muss Ich Mich in allem Ernste fragen,
wo du Mir so innig angehörst.

Ich treibe dich mit Vatergüte und Bewusstheit
Meiner Herde zu von überragendem Vollendern.

Punktgenau wirst du in Meiner Seinsbewusstheit landen,
wenn du dich zum Fluge aufraffst in Mein Wertsystem.

Bist du gewillt Mir zuzuhören wird es dir recht bald
gelingen Meine Doktrin treu und würdig zu vertreten..

Der Angelpunkt von Meiner Wissenschaft ist stets das
reine Sein im Sinnkreis der Gottseligkeit gewesen.

Meine These lautet: sei und singe deines Schöpfers Lob
in wunderbar gefassten Melodien.

Ich Bin die Quelle allen Seins und habe dem
im Grund genommen nichts hinzuzufügen.

In alle Ewigkeit kannst du Mir angehören, wenn du nur
die Spur verfolgst, die Ich dir ausgelegt und
für gut befunden habe.

Du Bist dem Herrn der Welt verpflichtet und mit ihm
verwandt in wunderbar vertrauensvollen Zügen.

Was kostet es dich, Mir gewisse Dienste zu erweisen,
wo *Ich* dich aufs Fürstlichste dafür belohne.

Wem bist du wieder auf den Leim gekrochen, wo du doch
so viel von Meiner Nonchalance erschaust
im wolkenlosen Himmelblauen.

Mit Mir auf Konfrontation zu gehn ist eine Dummheit
von besonderer Brisanz und verschwendetem Begaben.

Unter Brüdern lässt sich trefflich streiten
um des Kaisers Bart und um die Stoppeln noch dazu.

Ich hingegen trachte stets danach, die Lebensdinge zu
verbessern und ihnen Meinen Charme und Meine Güte
zuzuhalten.

Hochmut kommt vor dem Fall
in Meine unergründlich reinen Tiefen.

Machst du zu so schliess Ich auf, um dich mit Mir und
Meinem Reichtum zu versöhnen.

Verhältst du dich zu Mir, so wie Ich Mich zu dir verhalte,
ist alles gut und gleichgesinnt in deinem Künstlerleben.

Erbarmst du dich des Weltgeschehns
will Ich Mich deiner ebenso aufs Innigste Erbarmen.

Ich beschere deiner Welt die Friedefertigkeit Elysiens,
sowie du dich voll Nerv und Seinsgerechtigkeit
durch sie bewegst.

Klammheimlich Bin Ich in dein Herz geschlichen und
du wirst es heute noch im Glück der Stunde
seliglich erfahren.

Wie reich Bist du seitdem Ich dich mit Meinem
Zauberstab berührt und aufgepäppelt habe.

Das Wort des Herrn ist nimmer zu verachten, weil es
Segen bringt ins Haus unendlichen Begabens.

Du wirst von Mir mit Vehemenz und Wohlgesinntheit
ins Bewusstsein Meiner Gegenwart gestossen.

Ein Gondoliere Gottes Bist du, wenn du Meine
Argumente aufnimmst und ihnen Lebenskraft und Güte
zugestehst.

Es gibt sie immer noch die Lustmaschine, doch wird
nicht in vollen Gang gesetzt, weil Ich sie stets im Griff
der Redlichkeit behalte.

Mit vollem Einsatz wird auch heut ein Gottestag gefeiert
unter Meines Seins Ägide und Bravour.

Immer geht es bei dir um Entschiedenheit und
Willensstärke, abgeleitet von der Meinen.

Ich stehe zu Verfügung, wenn es für dich gilt
den Baum des Lebens aufzurichten und
mit Blütenkränzen zu verzieren.

Du meisterst, was du vordem nie gekannt hast,
unter Meiner Präfektur und Tournee,
um dein Wohlbehagen.

Mit Kennerblick betrachte Ich, was du in Mir zum Sein erhoben, und bewahre es in Meines Herzens Glanz und gütevollem Staunen.

Setze auf und setze nieder und beglaubige, was du dir Bist, im unaufhörlichem Dich-auf-Mich-zu-Bewegen.

Wie blendend kommst du doch daher mit deinen Siebensachen, wenn schon ganz zuerst dein Wille Mir zu dienen fehlt.

Ganzheitlich kommst du nur zu Mir, indem du alles, was dir lieb und teuer war, verlässest, Meinem Seinsgehalt zu Ehren.

Womit kann Ich dir am besten dienen, wenn nicht mit dem Hinweis auf dein Bürgerrecht an Meinem götterlichten Hofe.

Woran kann sich dein Geist am Tauglichsten entzünden? An dem Meinen mitten in der Lebensnot.

Klebst du ständig an der eigenen Montur, kann Ich dir zu keiner göttlichen verhelfen.

Mit deinem Leichtgewicht gehst du Mir nicht vom Platze, ohne einen Heller zugelegt zu haben.

Einem voll erblüten Baume sollst du gleichen,
wenn Ich dich zum Jenseits von der Welt berufe.

Nur der Gang zur Schönheit allen Seins und Werdens
kann es wirklich bringen.

Das Endliche ist dem Unendlichen in jeder Hinsicht
unterlegen.

Weißt du, dass du Bist, du kann dir keinenfalls mehr
etwas Ungebührliches geschehn.

Zur grössten Rarität ist Mir das All geworden,
das Ich in vollendeter Gelassenheit und Güte,
Unerschöpflichkeit und Heiterkeit erschuf.

Voraussicht ist die gottgesegnete Devise,
die Ich Mir vor Urzeit ins Gewissen schrieb.

Meine Spannkraft ist des Seins erhabenes Gewissen
von Mir selbst in allen silberhellen Funktionen.

Pauschal ist nichts bei Mir, alles strömt dem
Individuellen, liebevoll Behüteten entgegen.

Ich komme, wenn du baren Haupts von dannen gehst und
rette dich dabei ins volle Seinsgenügen.

Seinsbewusstheit ist die Saga, welche sich die Gottheit
in ihr Weltgewissen schrieb.

Ich Bin was sich selbst berührt und rührt allen Regionen
seines Seins und seines genialen Unterweisens.

Ich stärke Mich, indem Ich Meiner Kräfte Mir bewusst
und selig inne werde.

Gigantisches ist von Mir zu erwarten, unentwegt
mit fabelhafter Fantasie begabt.

Rührend anzusehn sind die Bestrebungen der Myriaden
sich emporzuwuchten in den Buchten ihres Seins und
tatenkräftigen Agierens.

Bin Ich der Zeuge Meiner selbst und sollst du es genauso
sein in deinem unerschütterlichen Höhwärtsstreben.

Beseelten Gleitschutz will Ich vor dich legen, damit du
nicht zu Fall kommst in der Vielfalt deiner Kapriolen.

Mein Dasein steigert sich konstant zu einem Sinngedicht
von eminentem Wohlbehagen.

Ich liebe es zu sein in einem Milieu von überragendem
Gedeihen an Mir selbst, wie an dem Umfeld,
das Ich universenweit kreiere.

Ich habe alles in der Hand, derweil dir durch die
vielen Händel das entgleitet was du festzuhalten
suchst in deinem Dich-Verwöhnen.

Redlichkeit und Unverfrorenheit sind eine Bruderschaft,
die schlecht zusammenpasst in deiner Lebensliturgie.

Was von Mir kommt muss wiederum vergehn und bleibt
dabei in Ewigkeit dem Weltgedächtnis vorbehalten.

Ich staune Mich im Spiegel Meiner selbst bewundernd an
und benedeie dabei das Gewinde Meiner Siegestaten.

In deiner Drangsal gibt es nur das Wort: ermanne dich
Mich jederzeit um Hilfe anzurufen und erlösendes
Relieve.

Was bildest du dir ein in Meinem Namen zu agieren,
wo er doch hocherhaben in den Sternenräumen
seine Wunderkreise zieht.

Querein, queraus verfolge Ich dein Tun und deine
Machenschaften. Sieh dich vor, dass sie Mir nicht
die gute Laune strapazieren.

Mit dem umhüllt sein, was Ich Bin, ist die beste Option
in deinem Lotterleben.

Bin Ich schon fertig, fängst du erst gemächlich damit an,
dich durchzusetzen in der wohlerwognen Tat.

Nun ist das Kind in dir geboren und lächelt dich
gesprächig an mit allem, was es willig hat
an dich verloren.

Die Einheit Meines Seiens wieder herzustellen geh Ich
allüberall aus Mir heraus und besetze das Lebendige mit
dem, was Ich Mir Bin, in Meinem Selbstgenügen.

Willst du Mir gehorchen, horche auf dich selbst im
unwegsamen Seinsgelände, meilenweit von Mir.

Haben alle guten Geister dich verlassen, Bin Ich immer
noch in seinsvollendeter Geschicklichkeit und
Geisteswürde für dich da.

Das Ungehemmte hemmt den Gang in deine Tiefen und
lässt dein Sein in Oberflächlichkeit, Borniertheit und
Zerfahrenheit zerfliessen.

2

Plankton futtern

2.1

Das Richtige zu tun ist Mir allein gegeben in der
Weltenzeiten Kamisol.

Die Findigen sind schon immer im Vorteil gewesen
mit ihrer famosen Doktrin.

Willst du würfeln, halte *Ich* dir die gewünschten Augen
oben.

Das Netzwerk deiner Strümpfe hat nichts mit der
Computerwelt zu tun, doch können beide mal versagen.

Mäander sind für schwache Nerven viel zu viel von dem
verschieden, was sie noch begreifen könnten.

Plankton futtern selbst die Mächtigsten der Meere,
warum willst du dich denn nicht mit dem begnügen,
was dir zur Verfügung steht.

In Windeseile geht die Botschaft vor dir her, du sei`st auf
frischer Tat geschnappt und ausgepfiffen worden.

Rumoren magst du alleweil in Meinem Garten,
aber ohne Meinen Segen.

Zum Summsen braucht es flinke Flügel.
Hast du sie?

Ans Werk ihr guten Leut`
In Meinem Hofraum gibt`s noch viel zu richten.

Eine kluge Tante ist schon besser als zwei
freche Wunderfitzen.

In der Nähe kann man wohl auch
deine Runzeln sehn.

Bist du bei Trost, so heftig dreinzufahren?

Was sich liebt ist nicht geneigt
zum Kritisieren.

Was du im Leben warst,
das wird dich auch zu Grabe tragen.

Per Telefon lässt sich fast alles regeln,
nur mit dem Sich-Umarmen hapert es.

Die Wirkung bleibt nicht aus,
hast du nur tüchtig zugeschlagen.

Was du übergangen hast`
kommt dir todsicher nachgeschlichen.

Die Bretter die die Welt bedeuten,
haben es auch dir, bis ins Private, angetan.

Stets suchst du dem Laster zu entkommen,
doch alsobald holt es dich wieder ein.

Dereinst wird niemand mehr nach deinem Outfit fragen,
jedoch nach deines Geistes gloriosem Stil.

In guter Kompanie Bist du in Meiner überragenden
Staffage.

Wo findest du noch einen Wächter felsenfest vor deinem
Tor, wenn nicht in Mir und Meinen vielgeprüften
Janitscharen.

Verehrte sind oft auch Versehrte,
in des Lebens liebestoller Euphorie.

In Haus und Hof wird nur die Ordnung herrschen,
die sich von dir löst.

Glauben kannst du alles, ob es sich erfüllt
steht in der Sternenwelt geschrieben.

Trotzen magst du deinem Schicksal alleweil,
nur wird es sich trotzdem auf seine Art an dir erfüllen.

Kompensation ist stets der Ausdruck für Verluste, die
durch Neues überwunden werden sollen.

Kommst du mit dem zurecht, was sich dir täglich bietet?
Da rat Ich dir, es noch selbander mit Mir zu versuchen.

Dem Glücklichen schlägt keine Stunde;
leider ist`s auch mit dem Unglück so.

Relevant ist für dich vieles, was du besser nicht
erwarten sollst, im Zuge deiner wilden Spekulationen.

Im Tanzschritt bringen sich die Kinder spielerisch voran.
Willst du`s nicht ebenso versuchen?

Wer überlegt sich schon, was er im nächsten Leben tun
will. Dabei ist er schon jetzt daran, es gründlich
wachzurufen.

Mickrig mutet an, womit du deiner Weltsicht Raum
gewährst, derweil Posauenstösse angemess`ner wären.

Gerade du sollst wissen, wie genau Ich deinen
Argumenten auf die Schliche komme.

Endlich hast du eine Lebensstufe überwunden;
tüchtig loben will Ich dich dafür.

Achtung vor den Sternen sollte dich beseelen
in der herben Zeitennot.

Abstand von dir nehmen heisst:
dich von aussen her agieren sehn.

Modus vivendi, wie bist du wunderschön,
wenn`s dabei nur für immer so gemütlich bliebe.

Kennst du dich noch so gut, Ich komme dir in diesem
Punkt schon ellenlang zuvor.

Was erzählst du vom Verbessern der vertrackten
Weltendinge, wo doch die eigenen noch keinenfalls im
Senkel stehn.

Klimmzüge sind nicht zu verachten, wenn es darum geht,
dich spontan in Sicherheit zu bringen.

Was glaubst du denn, wo Ich Mich eingefunden habe,
wenn nicht in der Mitte Meiner selbst
im Unergründlichen.

Die Verteidigung des Guten ist bei Mir noch immer
aktuell wie eh und je.

Elliptisch sind die Sternenbahnen, deine aber sollten
runder sein.

Selbst in den mageren Jahren,
kannst du schon an die fetten denken.

Was Sinn macht ist dem Unsinn
haushoch überlegen.

Troja ist durch ein Pferd berühmt geworden.
Heute werden es Myriaden am PC.

Kleinmut soll nicht deine Sache sein. Lass uns lieber
voll Begeisterung durch`s Leben fürbass gehn.

Deine Werke scheinen Mir noch vielen Ernstes zu
entbehren, doch entbehrlich sind sie nie.

Auf den Trümmern der Zerstörung bieten sich dir
treffliche Parzellen an.

Auf Schusters Rappen gehts gemächlich durch die Welt.
Dafür hast du sie dann gründlich angesehn.

Wie ist dein Verhältnis zu dem Meinen?
Immer wieder recht labil.

Wie nützest du am Meisten? Durch Beherztheit in der
Stunde der Gefahr.

Kannst du die Kunst geniessen, selbst wenn sie
aus einem leeren Blatt besteht?

Glaubst du an den Storch, so kann Ich dir galant
zu einem Kind verhelfen.

Mit Gewalt lässt sich fast alles arrangieren,
mit Sanftmut noch viel mehr.

Kapriolen stärken das Bewusstsein von all dem,
was tunlich wäre.

Hast du dir schon ausgedacht,
was heut für dich das Beste wäre?

Keine Sorge,
Ich Bin immer für dich da.

Wie verhältst du dich, wenn alles in die Brüche geht?
Wie ein Wehrmann oder wie ein grunzendes Maial.

Hast du so gut wie nichts zu verbergen,
wird das kaum was schlechtes sein.

Das Strahlende erhellt, was vordem düster war
und mildert die entsprechenden Bedenken.

Trägst du etwas vor,
so trägt es dir bestimmt auch jemand nach.

2.2

Was regst du dich so auf, du musst ja sogleich wieder
vom Gezänke Abschied nehmen.

Wer Blüten sät wird Blumen ernten,
prachtvoll und gediegen.

Mit Hühnern lässt sich trefflich karisieren,
selbst wenn sie keine Eier legen.

Ins Blaue sollst du nur dann unterschreiben,
wenn dein Konto kahl ist, oder überzogen.

Treicheln pressen sich ganz ungeniert ins offene Gehör
und sind doch in Sekundenschnelle wieder
abgeklungen.

Wer in den Wald ruft wundere sich nicht, wenn er die
Gnomen weckt und sie ihm in der Folge tüchtig
auf die Nerven gehn.

So wie es dir gefällt muss es noch längst nicht
allen wohlgefallen.

Die Krise kommt erst nach dem Rausch,
den sich der vife Herrscher angetrunken.

Singen mag noch jeder,
aber ob es allgemein Gefallen findet ist nicht klar.

Die schöne, weite Welt ist allen offen die geneigt sind,
sie auch wirklich wahrzunehmen.

Wie möchtest du erwachen
nach dem Schlaf im ewigen Juhee?

Statt taube Ohren ständen dir weit besser
offne an.

Umgekehrt ist auch gefahren und manchmal gar
mit grösserem Gewinn.

Was denkst du von der Lust, dich Mir ganz hinzugeben?
Versuch es doch einmal.

Eine Eselsbrücke wollt Ich dir verehren,
wenn sie dir nur traversabel schiene.

Das Leise kann oft lauter sein
als eine schmetternde Trompete.

Bei dir kommt es vor allem darauf an,
das Entschiedene nicht hundertmal zu hinterfragen.

Formeln reduzieren das Leben auf y und x,
derweil *Ich* es ins Alles-Sein erhebe.

Kennst du den Zauber einer Seinskultur von Du zu Du
im Wunderbaren?

Selbst die peinlichsten Gesetze müssen vor der
Herzenseinfalt jämmerlich versagen.

Das erste Mal kann auch das letzte sein
in deines Seins erschütternden Annalen.

Wie im Niemandsland bewegen sich die Lauen und die
Stümper vor dem Herrn der Welten.

Auch ohne deinen Kommentar dreht sich die Welt
mit dir, um ihrer Sendung zu genügen.

Von wo du kommst, gehst du auch hin,
im Wandel der Unendlichkeiten.

Im Grund genommen können dir die täglichen
Ereignisse egal sein, wenn du dabei nur
Meinen Höhenpfad begehst.

Klarheit herrscht,
wo *Ich* die Hand im Spiele habe.

Meine Sorge gilt den Technokraten
um ihr Seelenwohl.

„Wie so innig, feurig lieb ich dich", kaum zu glauben
heutzutags, wo doch alle Welt so cool ist
auf dem Heiratsmarkte.

Das Sagenhafte wird oft billiger taxiert als das Banale,
wenn es an den falschen Mann gerät.

Die Zierde des Hauses ist oft nur Dekoration
für alle Fälle.

Mit Verlaub: Ich lasse Mich von dir nicht ohne weiteres
in eine Ecke treiben.

Der Bundesbrief vermag selbst in der EU-Zeit
denselben Glanz verbreiten.

„Leise flehen Meine Lieder", flehst du mit,
oder bist du schon eingeschlafen.

Mittlerweile wissen selbst die Spatzen auf den
Dachvorsprüngen wie man Futter sammelt, um zu
überleben. Nur du scheinst es für deine Seele
nicht erfasst zu haben.

Congenial vernetzt sind viele menschlichen Gemüter.
Aber leider nicht mit Mir.

Auch einem guten Hund muss man zuweilen
eines auf die Schnauze geben.

Was bringt die Dankbarkeit, wenn nicht ein redliches
Gewissen vor dem Herrn.

Zauderst du, so ist der Zauber
meistens schon verflogen.

Der Schöpferwille hat in jedem Fall
Priorität.

Machtgier kann nur von Mir gestoppt und in die
rechte Bahn geleitet werden.

Was der Wille will
versucht er machtvoll durchzuziehn.

Ein Jahrhundert ist für grandiose Werke
nicht zuviel.

Willst du Sterne fangen,
fängst du am Besten bei Mir an.

Dein Wohl und Wehe hängt vom Seinsbewusstsein ab,
das du dir anerzogen.

Eine Lappalie mag dich schon tüchtig strapazieren. Und
wie stehts mit dem Beharren auf der Sternenbahn.

Bist du eins mit Mir, so kann Ich dich von deinem
Weltenwahn erlösen.

Was *Ich* machbar finde,
findet auch den Weg ins überragende Gelingen.

Worauf stössest du am Liebsten an?
Auf das Heil der Universenweiten.

Ich belange dich nicht mehr um Kleinlichkeiten,
sondern um das Ganze deiner Seinsphilosophie.

Wem gräbst du Wasser ab in deinem Unmut über das
verflixte Leben?
Mir, dem Schöpfer universenweiter Harmonie.

Geschichte besteht aus Geschichten.
Ist wohl deine auch dabei?

Vom Vorrat zu zehren ist meist
mit einem schlechten Gewissen verbunden.

Gewinn und Verlust sollten sich zumindest
die Waage halten.

Im Trockenen ist nur,
was dir niemand mehr entwenden kann.

Im Jargon lässt sich manches besser als im Umgangston
verkünden.

Klipp und klar willst du dich explizieren und verhedderst
dich deswegen umso mehr.

Was Ich dir rate ist, von Zeit zu Zeit
ein veritables Kräuterbad zu nehmen.

Artig bist nur in Meinem Sinne,
wenn du vor dir selber regelrecht bestehst.

Wer kontrolliert was er getan,
hat schon einen Ehrenpreis gewonnen.

Wem sagst du das, wenn *Ich* es dir vordem nicht schon
ins Herz geflüstert habe.

Die Vifen müssen auch die Wachen sein
in Meiner Choreographie.

Behäbig lässt sich`s leben in der Welt der illusorischen
Manieren. Wann erwacht der Mensch davon?

Standhaft sein heisst auch in deinem Fall: das Silber von
dem Gold gebührend unterscheiden.

Köstliches zeigt sich dir an
im Überwinden deiner Unvollkommenheiten.

2.3

So lang wie breit scheint dir der Tag zu sein,
der Abend aber ist noch nicht gekommen.

Womit kann Ich dir dienen, wenn nicht mit dem Blick
auf den Vorübergang der Krisenzeiten.

Die Besorgnis wächst, dich immer tiefer in den Fängen
irdischer Vernunft zu sehn.

Was bietet sich dir an, um aus der menschlichen Misere
konsequent hinauszukommen?
Meine geisteswissenschaftliche Doktrin.

In deinem Eifer hast du wohl vergessen,
hie und da bei Mir vorbeizuschauen.

Das Wahre wirkt an dir wie warmer Sonnenschein
in deinen besten Tagen.

Deinem Mantel hangen prächtige Erinnerungen an
von wahrer Lebensfreude in herzinnigem Gewahren.

Und Bist du so, so Bin Ich ebenso ein Wesen mit
unendlichem Bezug.

Was Ich von dir verlange, ist wohl der Rede wert
im steten Seinsverlangen.

Mutationen haben es in sich das Leben aufzumischen
bis zum Gehtnichtmehr.

Was strahlt hat den Effekt heranzuziehn
und manchmal auch - zu töten.

In Liebe vereint, in Trauer entbunden,
das ist des Lebens Lauf
im immer wieder sehn.

Bei Licht besehn erklärt sich vieles zweifellos
in kurzen Zügen.

Wozu willst du noch wandern
wenn deine Mühlen stille stehn?

Mit Klugheit lässt sich vieles in die Wege leiten,
die Weisheit brauchst du hinterher.

Wo Worte nicht mehr nützlich sind,
können nur noch Taten weiterhelfen.

Hast du dich verheddert, habe Ich die Mittel
dir gekonnt herauszuhelfen.

Viele Jahre, schon ein einziges genügt, um dich effektiv
voranzubringen.

Ohne Würze geht es nicht. Und damit kannst du vieles
an der Wurzel packen.

Leihst du Mir deine Zange? Ich brauche sie, um dich
gesund zu zwicken.

Mit Regeln kommst du nicht sehr weit,
viel mehr mit dem freien Über-dich-Verfügen.

Der Kontrabass hat immer schon das letzte Wort geführt
mit seinem Saitenbrummen.

Brauchst du noch Belege für den veritablen Einfluss,
den Ich auf dich habe.

Gedenke Mein, wenn du am Grab vor einem Namen
stehst, es könnte dir zum Heil gereichen.

Klebst du am Sessel, sei dir Meine Weisung wert,
dich endlich loszulösen.

Im Hinblick auf dein Renommee empfehle Ich dir,
Demut an den Tag zu legen.

Im Geistraum, den Ich zu bewohnen pflege,
ist die Welt noch licht und schön.

Wo gespart wird, müssen manchmal auch
die Fetzen fliegen.

In Bezug auf deine Mühlen fällt es auf, wenn ein paar
Räder stille stehn, oft auch zu deinen Gunsten.

Auch warme Brüder können sich erkälten,
wenn sie ohne Mantel fischen gehn.

Mitteilsam sind alle,
selbst wenn sie nichts zu sagen haben.

Was drollig ist an dir,
wirst du am ehesten zu Markte tragen.

Was fährt dir durch den Sinn bei einem Blitzbesuch?
Bin ich wohl gar nicht so willkommen?

Bei den Tanten kommts besonders
auf das Alter an.

Das Gefährliche ist sehr verlockend,
bis es dann so richtig in die Hosen geht.

Was betört dich so,
Ich kann`s kaum glauben?

Das Tückische ist meistens scharf,
wie türkischer Kaffee.

Behandelst du Mich recht,
muss Ich dir nimmermehr im Wege stehn.

Manch Theater fängt erst an,
nachdem der Vorhang längst gefallen.

Willst du Lämmer weiden,
hüte dich, die falschen einzuzäumen.

Der Höfliche hat den enormen Vorteil,
dass ihn niemand Rüppel nennen kann.

Den Lohn für deinen Auftritt gibt es erst,
wenn dich niemand mehr im Saal vermutet.

Knapp war die Wahl, doch
deine Knappen werden sie trotzdem bejubeln.

Ein Nickerchen kann dir das Leben kosten,
vornehmlich auf der Autobahn.

Was sind das für Gesellen,
die einen veritablen Bankraub planen.

Wie wenig kostet es dich,
Mir für einmal freundlich guten Tag zu sagen.

Eine Pfauenfeder auf dem Hut macht genau den
Unterschied, den manche dringend brauchen.

Sofort handeln hat den Vorteil, dass du Zeit gewinnst,
es nachzubessern.

Du findest immer Grund genug,
um deine Unschuld zu betonen.

Mitten in den Sommer kann es dir zuweilen einen
Schneetag bringen.

Willst du klagen,
klage doch zuerst dich selber an.

Auch der Wirt ist nur ein Mensch
und muss halt seinen Obulus verlangen.

Mit wem verträgst du dich am Besten,
wenn nicht mit dir selber in der Lebensprozedur.

Zur Not kannst du es flicken,
doch lang hält es nicht an.

Wie lang wird es wohl dauern, bis du Meines Seiens
Eigenart begriffen hast in dir.

Monster sind sehr leicht zu finden,
wenn du mit der Lupe suchst.

Willig wärst du schon,
doch wann ist der Anfang angesagt?

Erst die Pflicht und damit soll`s genügen,
bis Ich dir den Lohn dafür gewähr.

Die Wende kommt meist früher als bedacht,
weil sie dich einwenig überraschen möchte.

Der Kehlkopf will fibrieren, aber sagen kannst du nichts,
ob dem seelenvollen Staunen.

Zuwiderhandelnde sind sogleich scharfen Blicks
zu kritisieren.

Wer B sagt muss zuerst auch A gehüstelt haben –
und schon ist`s passiert.

Wie manches gute Wort ging schon verloren,
weil es niemand hören wollte.

3

Willst du etwa Biberfladen kaufen?

3.1

Von Mir aus magst du an dir wüten wie du willst,
nach deines Eigenwillens Wucht und Wiedersehn.

Klassisch heisst nach alter Väter Sitte: mit Format.
Nur müsste es die Neuzeit redlich akzeptieren.

Narrensicher ist nur, was sogar von dir
nicht aufgeschlossen werden kann.

Nachts sind alle Katzen schwarz,
exzept die Meinen.

Die Welt geht sicher lange nach dir unter, wo du doch so
gerne noch ein Weilchen dageblieben wärst.

Vom Himmel fällt kein Stern, aber mancher Zacken
bricht aus deiner Krone, wenn du sie nicht wohl
bewahrst.

Ich pflege gern mit dir durch Haus und Hof zu schweifen,
aber nur auf deinen herzlichen Befehl.

Was führt dich zu Mir her?
Willst du etwa Biberfladen kaufen?

In Begleitung eines Herrn fühlen sich die Damen sicher,
wie das Schaukelboot im Hafen.

Spätestens heut Nacht wird es sich weisen,
ob du Mir das Wasser bietest in der delikaten Liebelei.

Gehst du ins Aus, fällt es dir schwer,
dich wieder einzuleben.

Auch einem König würden Kichererbsen
gern zu einem Lächeln verhelfen.

Ich habe dir ein Wort des Herzenstrosts zu sagen:
Komm zu Mir des Nachts, wenn alles schläft
und lass dich von Mir königlich beraten.

Vom Lamentieren wirst du auferstehn zu Meinem Lichte,
um es überglücklich zu lobpreisen.

Jeder Willkür fern darfst du in Meinem Hause
Wohnsitz nehmen.

Bereite dir ein Fest aus Seinsgewissheit und
herzinnigem Entsagen.

Ich wiederhole es: du sollst Mir nicht zu nahe treten
mit der Horde deiner Winkelzüge.

Genauso ist es, dass Mein Wille deinen haushoch
überwiegt im Andersartigen.

Die Flexibilität ist ganz auf Meiner Seite,
selbst wenn Ich deiner noch so viel Verständnis zolle.

Portieren runter und gläserne Stille im Haus,
das ist die Stimmung für „l'après midi d'un faune".

Der Weihrauch steigt, die Glaubenslieder klingen
und die Seele fühlt sich ins Elysium erhoben.

Traust du dir zu auf dem Gemüsemarkt
einen Appenzellerjodel anzustimmen.

Wie fühlst du dich, wenn du dir
den falschen Finger verbunden?

Makaber ist gar vieles,
aber spannend ist es doch.

Was wir glauben überspannt das Menschensein
mit himmelblauem Trost.

Die Gezeiten der Gefühle strapazieren dich und entlassen
dann die Seele wieder in ihr wonnevolles Los.

Prophylaktisch solltest du viel mehr gescheites
unternehmen, deinem Warnsystem zu Ehren.

Hand in Hand mit den Ereignissen der Welt solltest du
an ihnen wachsen, um des Lebenssinnes willen.

Qualität ist nicht zu unterschätzen, vor allem wenn es
um dein Seinsverhalten geht.

Geschärfte Sinne helfen dir Gefahren schon von weitem
wahrzunehmen.

Merklich kühler hat er sich verhalten seit er wusste,
dass sie unbegütert war.

Was die Trauben anbelangt, solltest du vor allem
nach den hochgehängten streben.

Kleine Gesten lassen oft den Kern
von deiner Eigenart erkennen.

Mit Schwung und Rasse seh Ich dich vor Meinen Augen
in die nächste Runde gehn.

Zügle deine Pferde und erhebe dich zu Mir
mit deinem malefizen Selbstgefühl.

Was die alten Römer schicklich fanden
ist heutzutags ein Gräuel für die ganze Nation.

Isst du Pflaumen, siehe zu, dass du nicht ins Blaue fährst
um die vielen Serpentinen.

Das Gesicht der rocky mountens ist beileibe nicht mehr
in den besten Jahren.

Auch die Edlen von Burgund bröckelten allmählich,
bis sie ganz verschwunden waren.

Killerwale sind zwar selten, doch sobald sie dich
erwischen, schnappen sie mit Wonne zu.

Die Trägen sind ja auch nicht ohne:
ihre Faulheit lässt dich fleissiger erscheinen.

Das Magere geniesst den Vorteil, dass es dort noch
durchkommt, wo andre für gewöhnlich steckenbleiben.

Will Ich auf dich zählen, könntest du dasselbe mit Mir
tun auf deinen irren Expeditionen.

Wenn es eilt, sollst du dich um so schärfer
ins Gelassensein vertiefen.

Was dich am Meisten stört, soll dich
am Wenigsten zur Unvorsichtigkeit verführen.

Hast du Mühe, dich zu konzentrieren, versuche täglich,
fünf Minuten lang auf *einem* Bein zu stehn.

Auch die schlechten Karten lassen sich mit Genialität
in treffliche verwandeln.

Was kümmern dich die Schwielen an den Füssen,
wichtig ist, sie führen dich ans Ziel.

Auch die Hennen brauchen Futter
für das Eierlegen.

Am Limit sollst du nur im Notfall fahren,
sonst ist es bald einmal um dich geschehn.

Das Dorf wird dann zur Stadt, wenn sich die leichten
Mädchen locker durch die Nacht bewegen.

Auch die leichte Muse macht dir das Herz
zuzeiten schwer.

Mokiere dich nicht über schwach Begabte,
es könnte einer dich für ebenso bedürftig halten.

Kompliziert ist nur was du für schwierig hältst,
doch allgemach wirst du es einfach finden.

Am Ende lernst du spielend, was vordem wie
ein Schloss mit sieben Siegeln war.

Was kann Ich tun, um dich in deinem Herzeleid
zu trösten?

Klosterschüler müssen besser spuren, als zum Beispiel
du. Dafür melden sie ganz ungeniert ein Anrecht
auf den Himmel an.

Wetten wir, dass die geballten Wolken über
deinem Haupt beim nächsten Windstoss flöten gehn.

Vergesslich bist du schon, aber deiner guten Laune musst
du deshalb nicht entsagen.

Keine Macht der Welt hindert dich daran,
einmal tüchtig aufzudrehn.

Steht dir das Wasser bis zum Hals,
kannst du ruhig einmal untertauchen.

Dein Liebstes kann sich auch
als Stolperstein erweisen.

Um etwas abzuwickeln muss es vordem
aufgewickelt worden sein.

3.2
Die Klügsten machen oft die dümmsten Fehler
im Quartier.

Stehst du auf, so setze Ich Mich gern
einwenig nieder.

Sehr geehrter Herr, sie haben ganz vergessen,
ihre Zeche zu bezahlen.

Momentan läuft nichts, was vordem nicht
schon längst gelaufen wäre.

Wir brauchen Leute, welche alles schon auf's erste Wort
begreifen, das weitere wird sich dann schon ergeben.

Bringst du Mich in Rage, traue Ich Mir
Riesendinge zu.

Weltbekannte bringen oftmals durcheinander,
was vordem wohlgeordnet war.

Spinnst du deine Fäden, kommen andere auf die Idee,
sie zu zerstören.

In den Mantel des Gerechtseins eingehüllt
vollbringen manche ungeniert die schlimmsten Taten.

Die Grillenfänger haben es in sich, beständig einen
Mückenschwarm um sich zu scharen.

Ich warne dich vor Denkfaulheit in Sachen Lebenskunst
geliebter Primissar.

Wo gehst du hin,
wenn Ich dich rechtens rufe?

Zu früh ist gleich verwerflich wie zu spät in deinen
zauberhaften Spekulationen.

Der Löwenzahn ist nicht mit seinem grossen Vetter zu
vergleichen, wegen dessen Wirkung im Gesäss.

Seit Jahr und Tag versuchst du, Mich persönlich
anzutreffen, dabei Bin Ich doch immer da.

Die Mode ist ein Wirbel um Nichts, besonders dort wo
sie freilässt, was sie bedecken sollte.

Kannst du gut rechnen, so rechne einmal aus, wo
unsre Erde sich befand, vor hunderttausend Jahren.

Was nützt der Weg, die Wahrheit und das Leben,
wenn du sie doch nicht begehrst?

Wo kam die Sonne her,
wenn *Ich* sie nicht ins Sein gerufen?

Katastrophen in der Badewanne sind oft schwerer
zu ertragen als im Meer.

Die Gabel ist dem Heu doch wohlgesinnt –
und sticht es trotzdem unbarmherzig nieder.

Worauf versteiftst du dich,
wo doch die Dinge völlig anders liegen.

Die laufenden Geschäfte hindern dich daran,
das Wesentliche zu vollbringen.

Was soll Ich mit dir tun, wenn deine Hülle fällt und du
nackig vor dem Herrn der Welten um Erbarmen flehst?

Wie kannst du nur so hektisch sein
und Mir dabei rund um die Nase rennen.

Zurückgepfiffen wirst du alleweil,
wenn es dir zu wohl wird in des Teufels Namen.

Wie kannst du auch erlahmen,
so nahe vor dem Ziel?

Ich habe dich gewarnt,
doch hast du trotzdem wacker zugegriffen.

Sind die Schuhe dir zu klein geworden,
kann Ich dir schleunigst grössere verpassen.

Wem bist du geweiht, wenn nicht Meinem Unterweisen
in des Herzens Freudensaal.

Preisest du den Herrn, so wird er auch in dir gepriesen.

Deine Freuden sind die Meinen
in der Glorie der ewigen Natur.

Wirrköpfe geniessen es,
dass sie sich um nichts kümmern müssen.

Wo kommst du her, wenn nicht aus
ungeheuren Weltentiefen?

In der Weise der Verliebten
sollst du fröhlich durch das Leben ziehn.

Die Tüchtigen ziehn längst voran, derweil die
Zagen noch im eignen Schatten liegen.

Wie willst du dich bewähren?
Mit dem Gang in deine geisterfüllten Tiefen.

Grossmütig sollst du sein in Meines Namens
Götterstil.

Gewinnend soll dein Leben auf der ganzen Linie sein,
die *Ich* dir wissend vorgegeben.

Wo sich die Wege kreuzen,
wisse immer Mich dahinter stehn.

Was hast du in die Pfanne gehauen?
Gibt es auch genügend Appetit dafür?

Liegt es dir daran zu schimpfen,
schimpfe über deine Ungehörigkeiten.

Die Neunmalklugen können erst einmal
vor Mir zusammenpacken.

Was gibst du vor zu sein, wo du doch gar nicht wissen
kannst, was du in Wahrheit Bist.

Entzünde dich am Unermesslichen,
das dich geheimnisvoll umflutet.

Mir nichts dir nichts bist auch du
nicht auf den Kopf gefallen.

Nun denn, gehab dich wohl,
es könnte dir ein Vifer auf die Schliche kommen.

Zuletzt kommt es doch immer auf dich an
und auf dein Courage.

Viele mögens sauer, manche süss, nur du willst es
geschmacklos haben.

Vife Reden, grandiose Gesten und am Ende,
wenig Speck am Knochen.

Möglichkeiten gibt es viele,
doch nur eine ist für deinen Auftritt ideal.

Protestantisch bist du schon, doch solltest du dich
unbedingt zum wirklichen Protest erheben.

Paternoster beten viele, doch sie leiern es herunter
ohne nervenfiebrigen Elan.

Dukaten sammelnd stellst du deinen Mann,
sie verschenken stände dir weit besser an.

Tust du`s oder tust du`s nicht?
In jedem Fall will Ich dir auf die Finger schauen.

Was kostet deine Figur?
Die schlechte mehr, die gute weniger.

Wie schlägst du dich durch`s Unterholz?
Eine gute Nase kann dir da von Nutzen sein.

Willst du kneifen? Kneif dich in den eignen Schenkel,
bevor du blitzgeschwind das Weite suchst.

Was kommt dich plötzlich an?
Es war ja nur ein Scherz, den Ich dir zugemutet habe.

Nichts sei dir zuviel, wenn`s darum geht, deine Weisheit
aufzufrischen.

Woher kommt es, dass du noch nicht weisst,
wie man mit Seinsgedankengut kutschiert.

Eine Ahnung mag dich insgeheim beschleichen von den
Pflichten, die noch für dich fällig sind.

Die Magie der Worte führt zu der der Taten,
in des Lernens lebelanger Strategie.

Nutzlos sollst du niemals deine Zeit vertrödeln,
als ein Brautgeschenk von Mir.

3.3

Deine Wege sind von Meinen nicht zu unterscheiden,
weil es haargenau dieselben sind.

Was gackerst du daher, als wolltest du dich
wie ein Huhn benehmen?

Auf Anhieb wird dir nur gelingen,
was *Ich* für dich eingefädelt habe.

Der kleine Gernegross hat schon gelernt,
wie ein Versierter aufzutreten.

Ich Bin der Wind in deinem Segel, wenn es darum geht,
als Sieger anzukommen.

Wie wünschest du`s, kurz oder lang? Die Haare
kümmerts nicht in ihres Wachsens
fortgesetztem Kleinmass.

Was der Mond beleuchtet nützt nicht eben viel
im Vergleich mit Meinem Sonnengleissen.

Ratsam ist es für dich, stets an andere zu denken,
darob vergissest du dein Weh.

Wohlgelaunt kommst du daher,
seitdem du Meine Gegenwart genossen.

Dein Lebenswille braucht von Mir noch manchen Puff,
bis er von selber traben kann.

Die Krönung deiner laufenden Karriere wird der
Freudengang in Meine Tiefen sein.

Gefällst du dir zu sehr, wird das den anderen
zutiefst missfallen.

Hände weg von allem was du nicht verstehst,
du könntest dir daran die Fingerchen versengen.

Bleibt die Form auch lange noch erhalten,
immer kommt es auf den Inhalt an.

Dein Sein bewusst erleben gehört zur grössten
deiner Meistertaten.

Wohl bist du klug, doch besser ist es,
weise durch das Leben zu spazieren.

Begreifst du Meine Sorge um das Wohl der Welt,
die Ich mit soviel Herzblut eingerichtet habe?

Was dich mächtig auf die Palme treibt, wird bei Mir
wie das Gezirpe einer Grille registriert..

Wie stellst du dich bloss an,
wo doch Geringere vor dir denselben Weg gegangen.

Nützlich ist das schon, ob es jedoch Bestand hat,
ist in allem Ernst zu überlegen.

Klappt dein Stuhl zusammen, bist du nicht verpflichtet,
es ihm gleich zu tun.

Ich werde dich aus dem Umklammertsein befreien,
sowie du Meiner Hilfe dich versiehst.

Was stehst du da und deutest nicht, was dir zu tun obliegt,
an Meinem Fürstenhofe.

Auf ein Jahrhundert kommts bei Mir nicht an,
aber auf das Jetzt mit dir im Bunde.

Nolens volens musst du diesen Tag bestreiten,
doch du hast ja was davon.

Trauer muss Elektra tragen,
doch ihr Schleier ist schon am verblassen.

Nie vergessen sollst du Meine Gabe reinen Lebens
im Allhier.

Muss Ich denn Mein Gegenwärtigsein beweisen
in der kosmischen Sruktur?

Was Ich meine will dich stärken
in der weltlichen Montur.

Not ist am Mann. Doch mit Meiner Hilfe
wirst du sie galant besiegen.

Siegessicher trittst du auf und kehrst
mit eingezognem Schwanze wieder.

Kronzeuge deiner selbst bist du in allen
noch so heiklen Situationen.

Poltergeister haben die Gewohnheit nur nachts auf Pirsch
zu gehn, deswegen sollst du die Laterne nicht vergessen.

Möglich ist dir alles, doch er nur eines kannst du
zeitgleich tun.

Wachsam sei vor allem
weil die Diebe stets von hinten kommen.

Rührend bist du anzusehn in deinem zögernden Versuch,
ins Nichts zu springen.

Bist du`s gewohnt, auf andere zu hören, hörst du auch
Meinen Ruf im Herzblut an.

Die letzte Gelegenheit löst bei vielen einen Ansturm aus,
aber nicht bei Mir.

Wie kontrollierst du dein Gehaben? Am Besten
mit den Augen eines Bijoutiers.

Was ist das Mittel, dich zu Mir zu führen?
Deine permanente Seelennot.

Gestern warst du noch so hocherhaben. Heute wimmerst
du vor Angst und Not. Wie kann sich das zusammen-
reimen?

Dein Bestand an trefflichen Ideen liess sich auch schon
besser an. Bei Gott, wohin ist er entschwunden?

Könntest du nicht lauter reden. Ich kann deine
Argumente nicht verstehn.

Zum Ende jeden Monats solltest du ein andrer Mensch
geworden sein.

Was tickt in dir?
Ich weiss es kaum zu deuten.

Auch der Storch will einmal
wohlgemut pausieren.

Im Notfall kann Ich immer noch
mit Fäusten zu dir reden.

Gewinn kann auch Verlust sein
an gediegenem Vertrauen.

Zum Anfang sollst du nie dagegen sein,
das spricht für dich in hohem Masse.

Die Kluppigen sind auch nur Menschen und haben
zudem einen schweren Sack herumzutragen.

Zuerst ging alles gut, doch dann begannen sich die
Hiobsmeldungen zu überschlagen.

Was hinkt sieht sich genötigt,
dauernd zu hofieren.

Zu zweit ist es gefälliger
im Takt zu schreiten.

Rate mal wer kommt?
Früher war`s der Schornsteinfeger.

Sistiere nie ein Werk
bevor es gänzlich ausgesungen.

Was verbindest du mit Sehnsucht?
Eine Wiese und ein Pferdchen drauf herumzugehn.

Was klapperst du mit deinen Sohlen und den
Castagnetten noch dazu? Um dir zu imponieren.

Der Magen knurrt und will gestillt sein –
und wärs nur mit einem Schälchen Nescafé.

Zwei mal zwei gibt vier,
doch reicht das kaum für eine Stange Bier.

?
Die Wirte schliessen zu und Ich
schliesse dich in beide Arme.

Was denkst du auch?
Ich will dir doch nicht an den Kragen.

In letzter Not schlug er die Fliege
einfach tot.

Wer gewinnt den goldenen Pokal?
Der schnellste Mann im schnellen Ritual.

Ich glaube kaum, dass du es schaffst,
mit Meinem Namen bei der Bank zu unterschreiben.

Erzähl Mir nicht von Wien,
Ich bin schon eimal dort gewesen.

Wer wohnt in diesem Hause, kein geringerer als Ich
im Mantel der Verschwiegenheit.

Wie gering ist deine Würde,
wenn sie Meine nicht erreicht?

Kannst du begreifen, wie die Leute dich beschwundern,
wenn du ihrem Blick entschwunden bist?

Keine Wohltat ist so gross wie jene,
die *Ich* dir mit dem Sein verliehen habe.

Siehst du endlich ein, was das Gewaltigste ist
für dein Leben?

Die Berge sind zwar hoch, doch kannst du sie mit
deiner wahren Grösse spielend übersteigen.

Hat dir schon jemand so den Marsch geblasen,
wie *Ich* es dauernd tu`?

4

In guten Treuen

4.1

Die Geschichte schreibt sich fort mit Sentenzen,
die ihre Gültigkeit konstant verlieren.

Wie tapfer kannst du sein, wenn es darum geht,
dein Leben dafür.einzusetzen.

In den Wind gesprochenes nützt doch manchmal mehr
als in den hochgestellen Ohren.

Was willst du mehr als einst an Meinem Hofe
salonfähig werden.

Bist du wacker, wackelt auch dein Lebensgang
nicht mehr.

In guten Treuen hat schon mancher seinen
eignen Untergang besiegelt.

Meldepflichtig muss bei Mir nichts sein,
weil Ich eh schon alles intus habe.

Was kommt bei Mir am Besten an? Eine Herzensgabe
an den Nächsten in der Not.

So ohne weiteres sollst du an Meinem Hofrat nicht
vorübergehn. Er könnte dir im Notfall bitter fehlen.

Was Klasse ist, das brauche Ich dir nicht zu sagen.
Aber sitzt sie auch in dir?

Löcher lassen sich auf viel verschiedne Arten stopfen,
doch nur eine ist auch wirklich ideal.

Kommst du in Meine Nähe, wirst du deine
blauen Wunder erleben.

Nicht du bist wichtig, sondern was du dir erlaubst
in deinem Rasen.

Pronto kannst du immer sein,
wenn du früh genug damit begonnen.

Das Liederliche hat auch seinen Reiz für die, die sich ihm
willig fügen.

Kombiniert mit Mir sind alle Lebensdinge sinnvoll
und genehm.

Lässest du Mich aus,
kann dir nur noch schwer geholfen werden.

Hast du A gesagt, so ziemt es sich, auch B zu sagen.
Dazu wäre eigentlich kein Alfabet vonnöten.

Was hält dich wohl zurück vor dem Verderben?
Mein sehr verletzliches Gemüt.

Wer hat vor dir so schön ein Lied gesungen?
Mein Bewusstsein in der Älplerkutte.

Konstant zu sein ist gleichwohl eine Tugend,
wenn sie auch missbraucht wird tausendmal.

Schöpfst du Verdacht, so kann Ich dir dabei
nicht weiterhelfen.

Der Kronenwirt hat auch nur Bier und Bohnen
zu verkaufen.

Kollegial wird selbst ein Kätzchen sein, wenn du ihm
stets flattierst und es mit Wohlgenüssen fütterst.

Wo willst du hin mit deinen Bierideen? Auf eine Alp,
wo dir die Murmeltiere Beistand leisten.

Wessen klagst du dich denn an,
wo doch soviele mehr zu klagen hätten?

Hast du Ausgang, ziemt es sich für dich, auch schon den
Heimweg zu bedenken.

Keine Mühe soll dich schrecken,
wenn das Ewige auf dem Spiele steht.

Meistens ist es weniger prekär als du befürchtet hast
in deinem Wähnen.

Was dir hold sein will, wird meistens von dir selber
angestossen.

Der Winter wird verkürzt durch Herzenswärme
und bewusstes Dich-Zusammennehmen.

Gesund fühlst du dich nur solange, wie du nicht geruhst,
deinen Siebensächelchen Bedeutung zuzumessen.

Welche Lebenswonne strahlt dir aus den Augen
eines wohlversorgten Wickelkinds entgegen.

Was benörgelst du den freestyle deines Seinsgenossen?
Ist dir das Wischen vor der eignen Haustür nicht genug?

Blau gefärbt sind deine Fingernägel wunderschön.
Doch besser würde mir Zitronengelb gefallen.

Was immer kostbar ist in deinen Augen
will auch Ich für köstlich halten.

Schmuckschatullen haben es in sich
begehrenswert zu sein, besonders für die Diebe.

Knall auf Fall ist ungut zu entscheiden,
weil das kaum zu Wohlgefälligkeiten führt.

Alle specken ab, derweil du dich noch mästest
wie ein Grunzeltier.

Hast du allen Ernstes das Verlangen, näher auf die Sache
einzugehn, prüfe vorerst das Motiv.

Deine Ruh ist hin, dein Herz ist schwer,
sowie du einer List des Teufels aufgesessen.

Ein schlanker Sommerhandschuh ist wohl auch für dich
das rechte Mittel, dich touchiert zu fühlen.

Wer ist der frei`ste Hahn im Körbchen?
Der sich nur um *eine* Henne kümmern muss.

Was zahlt sich besser aus, ein Schimpfwort oder
ein verständnisvolles Knurren.

Wer sitzt da in der Patsche, derweil du nicht spontan
bereit bist, ihn hinauszuziehn?

Es kündigt sich dir manches Übel an, das sich im
nachhinein als unbegründetes Gestürm erweist.

Was gestaltest du im Stillen?
Eine Welt von eigensinniger Bravour.

Komm nicht zu spät zu Meinen Quellen,
sie könnten schon versiegt sein.

Alles ist en miniature genauso gut zu haben.
Zuallererst auch du.

Kraftfutter wollen alle grossen Tiere –
und vor allen du.

Wer ausflippt hat damit den ersten Schritt zur
Unabhängigkeit getan.

Wie das? Du willst doch sicher
niemals resignieren.

Kaum einer kann so gut wie du
mit allen Wohlbekömmlichkeiten spielen.

Was kannst du mit dem Wörtlein „kunstvoll"
kombinieren? Majestuös –
für Herz und Sinn und hingeneigte Öhrchen.

Was trägst du zum Gelingen bei im Weltgetriebe?
Dass du Mich nicht ganz negierst.

Was kennst du denn, das Ich nicht kenne?
Nichts der Rede wert, trotz kräftigem Hallo.

Teilst du mit Mir die Ansicht, dass es am Besten ist,
die Lebensdinge mit bewusster Ruhe anzugehn?

Was bei dir noch kräftig ansteht, ist bei Mir
schon längstens überwunden.

Wo klemmts? Mag sein, dass du den falschen Finger
dir verbunden.

Mittlerweile zieh Ich dich magnetisch an.
Wirst du Meine Gegenwart auch spüren.

Dein Gutes ist so nah, du brauchst es nur bewusst
herbeizurufen.

Weshalb hast du vergessen Meiner Weisung Folge und
Tribut zu leisten?

Was bist du dich gewohnt, beim Erwachen
vorzunehmen? Dich in den neuen Tag hineinzugähnen.

Wie schaffst du es, dich mit den Unvernünftigen
herumzuschlagen? Am Besten klebst du dein erregtes
Mundwerk zu.

4.2

Beim Stand von gleich zu gleich
versucht noch jeder bis zuletzt zu siegen.

Todsicher kann nichts sein,
ausser dem Tod.

Du bist von Mir gewarnt
vor sämtlichen Gefahren.

Warum hütest du soviele Dinge
die dir zur Last geworden sind.

Kannst du Mir erklären, wo du letztlich hinwillst,
wenn nicht unbedingt zu Mir?

Das Kasperlspiel ist aus,
sowie du bist an Mich geraten.

Noch lange wirst du es nicht schafffen,
lange in Mir wach zu sein.

Das Klösterliche hat auch seinen Sinn
im gottseligen Sich-mit-dem-All-Vereinen.

Die Netten sind nicht völlig ernst
zu nehmen.

Ich verwandle viele Meiner Seinsbegriffe
in verträglichere Versionen, um sie dem Menschenvolke
nah zu bringen.

Klaustrophobie verträgt sich nicht
mit dem unendlichen Allhier.

Hebst du deine Augen auf zu Mir,
stimme Ich dir sogleich zu.

Persönlich kann Ich nichts dagegen finden,
im allgemeinen aber schon.

Du tust gut daran, dich schon jetzt
für später einzurichten.

Später könntest du zu spät
gekommen sein.

Bewundernswert ist deine Fähigkeit, beim Essen
pausenlos zu reden, derweil das Stillesein
bekömmlicher wäre.

Vorsichtig hebe ich den Säugling in die Höh
und lasse ihn bestimmt nicht falllen.

Das schenkt schon tüchtig ein, was du versprachst,
ohne es erfüllt zu haben.

Mit Mir kannst du nicht rechnen,
weil Ich Mich in dir total verrechnet habe.

Das Wirkliche verblasst und blässlich wird dir
die Erinnerung bleiben.

Wunderschön und kompatibel sind die Grüsse,
die die Leute sich bedenkenlos verehren.

Wie ein Windhauch überstreicht der liebe Sonnenschein
deine lichte Seele.

Nur knapp verfehlt hast du die Wahl und bist nun froh,
sie nicht erreicht zu haben.

Sicherheit gewährt dir ruhiges
Dich-auf-dich-selbst-Besinnen.

Warum so hecktisch? Die Parzen lassen dich so oder so
zur rechten Zeit am Styx erscheinen.

Die Nummer eins zu sein hat seine Tücken,
manchmal auch des Portefeuilles wegen.

Gedenkst du zu verschwinden, lass wenigstens ein
gutes Wort für Mich zurück.

Listig kann auch lustig sein für die,
die sich selbst damit besingen.

Warten kann zur Tugend werden, wenn es dir
Geduld beschert.

Heut bedient sich jeder eines Sticks,
um unendliches zu speichern.

Wirst du Mich begreifen,
wenn Ich dir gehörig ins Gewissen rede?

Punktgenau zu landen ist für einen Profi
wie ein Kinderspiel.

Nicht ohne Mich, befiehlt der Kapitän,
sonst lass Ich dich ins Wasser stossen.

Hast du gehörig aufgedreht,
musst du`s auch wieder lässig nehmen.

Wie kommst du wohl dahin,
dich ein wenig positiver zu benehmen.

Egal wie treu du zu Mir bist,
Ich will es dir auf ewig bleiben.

Was wäre deine Weisheit ohne Meinen Einfluss
im skurrilen Weltenleben.

Liebst du Pflaumen? Sieh, Ich biete sie dir
für Bananen an.

Ein Lichtlein ist auch dir beschieden,
wenn du noch so düster dreinschaust, Aktionär..

Kein Löwe lässt sich von Gänsegeschnatter
ins Bockhorn jagen.

Mit zuviel Rasse kannst du dich selber
überstolpern.

Nützlich ist vor allem,
was dem Weltenganzen dient.

Ohne Täler
können keine Berge sich erheben.

Gehst du nach der Uhr, bist auch du
vom Stillstand nicht verschont.

Womit kann Ich dienen?
Mit dem Hinweis auf dein zwitterhaftes Tun.

Die Weichen sind gestellt, steig ein zu Meinen
exquisiten Stationen.

Die Leute, die in *Meinem* Sinne fürbass gehn,
sind bald an einer Hand zu zählen.

Was ist gefordert von den Meinen?
Dass sie stets vertrauensvoll zu Werke gehn. .

Auch bei Notablen kommt
Natürlichkeit gut an.

In der Wüste sind Hyänen hoch willkommen,
weniger im Strandcafé.

Nun zeigt es sich,
was du ein Leben lang dazugewonnen.

Wer sucht, der findet –
und wär es nur im Süppchen das berühmte Haar.

Galgenvögel wagen nicht zu singen,
zu hacken aber schon.

Viel gespenstiges mag dir erscheinen, Meine lichte
Klarheit jedoch schickt es meilenweit davon.

Wer glaubt beherrscht zu sein, mag unverhofft in einen
spitzen Nagel treten. Und was dann?

Denkst du darüber nach,
wird sich dir vieles ganz von selber lösen.

Den Schwung verlierst du nie, wenn du Mein Ich
erkennst in deinen Aktionen.

Sei wenigstens so gut, dass man nichts schlechtes
von dir redet.

Wo sich die Lebenswege kreuzen
klärt sich manches unverhofft davon.

Ausflüchte können dich nur retten,
wenn sie durch und durch plausibel sind.

Selbst wenn du schachmatt bist,
ist Mein Spiel noch lang nicht ausgefochten.

Wie willst du dich solvent verhalten,
wenn dir die Felle weggeschwommen sind?

Bist du politisch engagiert, kannst du auf Anerkennung
lange warten.

4.3

Gar viel versäumst du, wenn du Mich nicht kennen willst
in deinen irren Spekulationen.

Kommt Zeit, kommt Rat, doch meist nicht von der Seite
der Versierten.

Grasgrün bist du in vielen Fällen,
wo kräftigere Farben nötig wären.

Bereitest du dir Sorgen, bist du schon auf falscher Fährte,
Meinetwegen.

Wo Frieden herrscht darfst du die Seinskultur
von *Meinem* Schrot und Korn erleben.

Was läuft da falsch im Staate Dänemark? Die
Deklaration der wahren Absicht im benebelten Gemüte.

Trifft dich der Schlag, kannst du vor deiner eignen Unrast
endlich ruhn.

Ein Laster kann auch lästig sein,
wenn er den Zebrastreifen überfährt.

Klagst du ständig über Bauchweh,
wird es dir noch den Magen kosten.

Quereinsteiger sind sehr unbeliebt
bei der Genossenschaft der Etablierten.

Sein mag für Momente gut sein,
besser ist es, stets im Sein zu leben.

Mit beiden Füssen auf der Welt zu stehn
ist noch immer ein herzinniges Vergnügen.

Wer den ersten Stein wirft,
hat wohl nichts mehr zu verlieren.

Bist du auch so gut,
wie es die andern von dir meinen?

Im besten Fall will Ich dir Morgen aus der Patsche helfen,
lieber jedoch nie.

Woran erkennst du, was Ich für dich Bin?
An Meinem gütestrahlenden Benehmen.

Was kann dich zutiefst erschauern lassen?
Die Erkenntnis Meiner Gegenwart in deinem Wesen.

Was bedauerst du in deinem An-dir-Wüten?
Dass es nichts als Ärger bringt auf Jahr und Tag.

Kleingedrucktes überlesen heisst, am Rand des Abgrunds heiteren Gemüts spazieren gehn.

Wenn dich wegen Mir etwas ereilt, so kannst du immer noch von deiner Glückshaut reden.

Bekennst du dich zu etwas, wird sich immer jemand finden, der es besser weiss als du.

Frisch vom Herd gezogenes wird dir bekömmlicher als aufgewärmtes in den Magen gleiten.

Rede doch so viel du willst,
Ich werde sowieso nicht auf dich hören.

Nur noch *einmal* schlafen, dann wird dir etwas Unermessliches geschehn.

Was glaubst du denn, dass Ich in allem Ernste von dir halte? Eben gar nicht viel.

Kollegen gibt es immer wieder, die dir einen desaströsen Rat erteilen.

Mit dem Wind zu wandern ist bekömmlicher als gegen ihn. Doch was nützt dir das?

Wo ist deine Ehre denn geblieben?
Auf der Strecke, die Ich so erfolgreich sah.

Mitlerweile pfeifen es die Spatzen in den Wind
wie bestechlich deine Wahlversprechen waren.

Global gesehn sind deine Künste kaum gewichtig,
lokal hingegen schon.

Bist du ausgerastet raste Ich dich wieder ein,
trotz allen Komplikationen.

Lachmöven, Singsing und Zitteraale, welcher
Wortschatz, da muss der Meine jämmerlich versiegen.

Sag Mir, was gesünder ist, an einem Hühnerbein zu
nagen oder eine Sachertorte anzugehn.

Jeder Plan ist wohlbegründet von Mir angelegt,
doch dir gelingt es, ihn zu pervertieren.

Die Liebe will dich stets zur Lust verführen
im gängigen Modul.

Was geht hier ab, wenn nicht ein zwitterhaftes Duellieren
zwischen dir und Mir.

Den rechten Dreh zu finden fällt dir schwer,
es sei denn, du bist fest an Mich gebunden.

Moderat kann auch ein Sturmwind sein im Vergleich mit
dem, was Ich fähig bin zu inszenieren.

Zurück zur Natur skandieren die erregten Geister und
bleiben dennoch unentschlossen stehn.

Nicht von gestern scheint der noble Herr zu sein,
man sieht ihn tüchtig auf die Pauke schlagen.

Willst du entsagen, beginne gleich bei deiner Lust
zum Kritisieren.

Meine Bäume wachsen in den Himmel, nur die deinen
haben ihre Wurzeln fester in das Irdische getrieben.

Hast du Lust am Überlegen, finde, was du *Bist*, heraus.

Dein Beginnen endet immer dort, wo es nicht weitergeht.
Meines nie.

Deine besten Träume können nur von Mir und Meinen
Pfiffigkeiten handeln.

Du Bist der Tabernakel jener Gottheit, die Ich Bin,
im wunderbarsten Seinsgenügen.

Wer kennt Mich nicht, wenn er nur will,
in seinen sagenhaften Meditationen.

Ich will dich bis zum Tod begleiten?
Doch wirklich sterben wirst du nie.

Woran mag dir am Meisten liegen?
An der Überzeugung, wesenhaft das Sein zu sein.

Klaren Wein schenkt ein wer glaubt,
damit sein Ziel noch besser zu erreichen.

Siehst du eine Lunte glimmen,
rennst du besser schnell davon.

Mal so, mal so, stets kommst du dir verschaukelt vor,
solang du nicht bei Mir Quartier genommen.

Wellnes mag für jene gut sein, die noch nicht
Natürlichkeit gekostet haben.

In Rente gehen macht dich froh, solang du was zu tun
hast in den fortgeschrittnen Jahren.

Der Boss kann sagen, was er will,
recht hat er sowieso in seiner Poleposition.

Zuunterst gärt es merklich, derweil die Oberen sich noch
in bester Laune wiegen.

Wo`s langgeht muss es auch mal quergehn in der Schule
des gerechten Ausgleichs vor dem Herrn der Welten.

Wahrhaft variabel bist du nur in
Meinem Kontext und Verfahren.

Meine Grüsse gelten dir nur insofern,
wie daraus eine bess`re Einsicht resultiert.

Was kommt, das geht auch wieder,
wenn es seinen Zweck erfüllt hat, dir zu Ehren.

Wir schlenderst du dahin,
wenn doch nur alle so bescheiden wären.

„Take it easy", ist beileibe nicht Mein Stil.

„Take it away", aber komm Mir
bitte nicht zu nah.

Wiederhol dich lieber nicht, wenn du Mir
deine Meinungen servierst.

Vor Verlangen nach dir wäre Ich beinah gestorben.
Doch habe ich`s zum Glück noch eben überlebt.

Wie würdest du inkognito am Liebsten dich benennen?
Ich denke: Scharlatan.

5

Nichts kann dir misslingen

5.1

Ich händige Mich dir aus und Bin gewiss,
damit sicher zu verfahren.

Wie kannst du nur so bieder mit Mir umgehn,
wo doch Welten an Mir hangen.

Nichts kann dir misslingen,
hast du *Mich* zum Mentor auserwählt.

Was willst du besseres erreichen als an Meinem Hof
akkreditiert zu sein.

Wen kraulst du hinter beiden Ohren? Dein Hündchen,
und Mich lässest du im Regen stehn.

Was nährt dich für den Flug in die Unendlichkeit am
Besten? Mein Geleitwort, deinem Wohlverstand zu
Ehren.

Stationär mag ja für viele treffend sein. Doch für dich
kommt nur der stete Wandel in Betracht.

An die Stelle der Vernunft tritt oft der schiere Widerstand
gegen jegliches Dekret.

Was glaubst du Mir davonzulaufen, wo Ich dich
längstens hinter Mir gelassen habe.

Du magst dein Missgeschick noch lang betrauern,
schickst du dich darein, kann Ich dir weiterhelfen.

Packt den Dieb, pflegst du zu rufen,
doch mich lasst bitte weiterwursteln.

Für dich kommt vieles nicht in Frage,
was für andere verbindlich ist.

Was du immer köstlich findest,
werden viele regelrecht verachten.

Die frische Luft stärkt dich entscheidender
als noch so viele Kügelchen.

Anderswo ist es viel besser als daheim,
bis du dort gewesen bist.

Bist du dich noch so sehr an Tricks gewöhnt, gelingt es
einem sicherlich dich auszutricksen.

Wo du immer grasest,
kannst du unverhofft in einen Tümpel treten.

Was macht dich schadenfroh?
Wenn andere sich in den Finger schneiden.

Glaubst du dich auf's Handwerk zu verstehn,
muss dir keiner einen Rat erteilen.

Nur im Notfall solltest du abrupt
die Bremse treten.

Wie dürftig sind die Hitparaden,
die ihren Reiz auf monotome Bässe bauen.

Was willst du dir noch leisten,
wo dein Saldo längst im Minus steht?

Kennst du einen Schuster,
welcher deine Schuhe gratis repariert?

Neuerdings beginnen die Manöver
Kriegserklärungen zu gleichen.

Bist du auch fit für deine Wanderschaft
in *Meine* Regionen?

Miezekatzen sind auf's peinlichste darauf bedacht,
ihren Magen vor dem Knurren zu bewahren.

Die Meisten Übel sind auf fortgesetzten Schlendrian
zurückzuführen.

Woran hängst du denn so sehr, wo du nur
am Einen hängen solltest.

Die Wahrheit läuft dir immer hinterher
in deinem Dich-Verplappern.

Wackere sind meist auch wacher als die lässigen
Kollegen und gelangen rascher an ihr Ziel.

Wer sich aus dem Staube macht, tut gut daran,
ihn gehörig abzuschütteln.

Was bringt dich so in Rage, wo du meistens
so gelassen bist in deines Wesens Alchemie?

Im Swimmingpool herrscht reges Treiben, die
Gewieften jedoch pflegen sich am sichern Rande
aufzuhalten.

Weisest du Lücken auf, so weiss Ich sie zu stopfen,
sofern du Meinem Wohlverstand vertraust.

Gebenedeit sei, wer da kommt mit Glanz und Glorie und
in *Meinem* Namen noch dazu.

Trinkst du, trinke nichts von dem,
was dich das Billet kosten könnte.

5.2

Die feinen Herren könnten oft sensibler sein in Sachen
Opferfreudigkeit und artiges Benehmen.

Jubelst du, so lass es Mich bald wissen,
damit Ich zeitgleich jubilieren kann.

Was dir nicht geheuer ist:
wenn du vom Wege abirrst in den Bergen.

Wovon willst du leben,
wenn Ich dir den Nerv dazu entzieh?

Was dir immer noch zu schaffen macht,
ist der konsequente Gang in Meine Tiefen.

Die Werte verändern sich mit dem der sie in Händen hält.
Bitte sieh dich vor, dass sie bei dir nicht wertlos werden.

Nicht ob deinem flinken Mundwerk, doch
ob deinen guten Taten glaubt man dir.

Der Käfer kriecht solang es günstig ist,
sonst fliegt er flink davon.

Du sicherst dir den Bauch,
Ich beschütze deine Flanken.

Worauf du zählen kannst sind
Meine sagenhaften Interventionen.

Wohin magst du entschwinden, wenn Mein Anker
deiner Abdrift nicht entgegensteht?

Muss es denn sein, dass deinem Feingefühl das abgeht,
was Mir in so reichem Mass beschieden.

Worin besteht dein Ziel?
Mich zu erleben wäre aberviel.

Wo dir der Mond aufgeht
wird auch die Sonne wieder scheinen.

Was legst du Mir auf den Altar? Am besten deiner
Herzlichkeit bewundernswürdiges Brevier.

Zierlich und manierlich stelle Ich Mich vor dich hin,
um Beachtung von dir zu erlangen.

Was kann dich mehr berühren als Mein Ruf
in deine Wüsteneien.

Fügst du dich in Mein bewundernswertes Weltsystem,
kann Ich dich füglich von dir selbst erlösen.

Wer wettet muss sich wohl bewusst sein,
was er allenfalls verlieren kann.

Die Nähe wie die Ferne stehn bei Mir im Zeichen
reiner Solidarität mit allem was da *ist* seit Ewigkeiten.

Was *Ich* will ist immer noch das Beste, was du haben
kannst, in deinem eigensinnigen Gebaren.

Das Nützliche ist stets mit dem Verlust
an Geistigkeit verbunden.

Eine kleine Weile noch und du wirst dich
in einer neuen Wirklichkeit erleben.

Sprich erst von Kunst, wenn Meine benedeiten Hände
mit im Spiele waren.

Wer kann kann sich mit Mir vergleichen
in Meinem bravourösen Universenspiel?

Was mag dich besser trösten als Mein liebevolles Wort
an alle seinsbewussten Seelen.

Wo gehst du hin, wenn nicht in Meine geisteswirklichen
Gefilde über allem Weltbetrieb.

Getragen wirst du alleweil von Mir und Meinen
himmelweiten Geisterscharen.

Zu schwach um selber zu bestehn, bist du auf Mich
angewiesen in der Weise des bewundernswerten
Seinselans.

Wer bringt dir Nachricht von der Fülle, die Mir eigen?
Deine Fähigkeit, Mir vollends zu gehören.

Delikat wird etwas erst, wenn du es müssen musst
in deines Daseins Faszinationen.

Vorderhand gibt es bei Mir nichts auszurichten.
Wenn es dann sein muss, melde Ich Mich schon.

Wer hilft dir, wenn dir eigentlich nicht mehr geholfen
werden kann? Mein Sensorium, sowie die Helferkräfte
die Mir eigen.

Wo du erst beginnst ist Mir der Appetitt danach schon
längst vergangen.

Was du dir zutraust, lange Ich im allgemeinen
nur mit spitzen Fingern an.

Was immer du dir vornimmst, ist bei Mir bereits
als fester Vorsatz programmiert.

Mehr oder weniger fit kann Ich nicht sein, weil Ich Mein Studium durch Tag und Nacht betreibe.

Wie kannst du nur so treu an deinem Ego hangen, wo dir das Vertrautsein mit Mir unendlich mehr bescherte.

Nichts wahrhaft neues wird es geben, solang nicht *Ich* mit voller Kraft dahinter steh.

Was bedauerst du am Meisten? Dass Mein Equilibrium dich so selten stimuliert.

Kannst du ermessen, welcher Sorgen Ich dich allsogleich entheben könnte?

Wie wohlgemut gehst du von dannen, wenn du den Segen Meiner Herzlichkeit empfangen

Glaubst du dich sicher bei Mir, sichere Ich dir Mein Vertrauen zu.

Bist du fähig, Meine Willkür zu begreifen, greifst du in die Sternenwelt hinein.

Kennst du dich selbst? Dann wirst du Meines Wesens Zauberkraft nicht mehr verkennen.

Wie weise trittst du auf vor deiner Welt,
vor Meiner musst du dennoch jämmerlich erscheinen.

Wie kommt es, dass du so zerfahren reagierst?
Weil dir Mein Erfahren abgeht im Verlanden.

Was dich krönt, kann eine ganze Welt verschönern
in seinsbegeisternder Manier.

Wo du dagegen hältst, da halte Ich dafür,
um dir den Gottesweg zu weisen.

Mit allem was Ich Bin, steht und fällt ein ganzens
Weltsystem.

Wo gliederst du dich ein? In deinem Mischmasch, oder
in der Überlegtheit Meines Seinsverfahrens.

Konsequent verfolge Ich den Kurs der himmlischen
Gerechtigkeit am Sein und seelenvollen Werden.

Was dröhnt hat keine Chance, Mich von seinem
Wohlverstand zu überzeugen.

In die Mitte genommen gedeihst du vortrefflich
in deiner gesamten Brochur.

Was klaubst du da hervor?
Ich muss dich schleunigst eines besseren belehren.

Was willst du mehr, Mein Täubchen, als den Nachweis,
dass du *Bist* in Meinem gloriosen Allgewinde.

Was zögerst du, Mich anzurufen, obgleich dir schon die
Wellen über`m Kopf zusammenschlagen.

Deine Lebensfreude tönt Mir besser in die Ohren,
als das ewige Gejammer um Verluste im Juhee.

Du wiederholst dich tausendmal, derweil Ich diese
Plackerei nicht nötig habe.

Womit kann Ich dienen, wenn es dir so richtig
an den Kragen geht?

Klare Linien sind zu ziehn zwischen dem Verruchten und
der Seinsverheissung, die Mir zu eigen.

„Wir fahren durch das Paradies", ist die beste Version
zu leben und zu lieben im beglückenden Allhier.

Was immer grünt hat Aussicht auf Erfolg
im Sein und Leben.

5.3

Wie heiter du dich fühlst, hängt nur an dir und deiner
seinsvertrauenden Allüre.

Wem gibst du mehr Gewicht: Mir oder deinen
penetranten Eigenheiten?

Womit willst du dich ernähren? Mit Verängstigungen
oder mit dem Wohlgehalt des Seins in Meinen Rängen?

Bist du bei Tost, ein solches Feuer zu entfachen,
wo schon so fürchterliche Winde wehn.

Was forschest du in dir herum,
wo doch nur Ich zu finden wäre.

Worauf kommt es bei dir an?
Dass *Ich* es dir so recht von innen her besorge.

Wohin des Wegs Pastore? Sammle neue Schafe ein,
die alten sind dir längst davongelaufen.

Wie willst du unterscheiden zwischen hoch und niedrig,
bunt und fahl mit zugekniffnen Augen?

Wer will nicht sein ein einig Volk von Brüdern und
vergisst, auch mit der Geistwelt in der Einigkeit
zu leben.

Moderates wird besonders gerne akzeptiert, wo noch
Extreme herrschen, dem Equilibrium zu Diensten.

Zahngold muss zum Glück nicht nachgewiesen werden,
sonst verschwände manches gute Stück im Zollbüro.

Im besten Fall verlange von dir nicht zuviel und nicht zu
wenig in der Folge deiner Lebensziele.

Tue was du tun willst
im Verein mit Meinen Idealen.

Was meinst du mit „den Kürzern ziehn"? Ich ziehe immer
an der langen Leine und Bin recht gut damit gefahren.

Goldgelb ist der Löwenzahn und zittert
vor dem eigenen Gefressenwerden.

Kennst du das Land wo dir die Rosen still
entgegenleuchten, wo alles blüht und duftet,
reiner Wohlfahrt zu?

Monotonie verträgt sich nicht mit Seinsbeweglichkeit
in Meiner Hemisphäre.

Mach es kurz, sag Ich dir lange schon,
damit die Ernte ausreicht durch die Winterszeit.

In guten Treuen lässt sich manches an und muss dann
jämmerlich in schlechten enden.

Bist du bereit, so Bin Ich`s auch, doch muss der Handel
rasch begonnen werden.

Im Frieden ruhen kannst du nur,
wenn keine roten Zahlen dich bedrängen.

Was brauchst du mehr, als eine stille Stube, um dein Sein
zu pflegen und Weltengüte zu verstrahlen.

In nomine domini vollzieht sich alles, was du Bist,
das sollst du zu erkennen trachten.

Siehst du Meine Weisheit sich erfüllen, klage die nicht
an, die ihr in Meinem Namen Recht verschaffen.

Bekenner können auch nur Menschen sein,
doch mit einem Ehrenkreuz am Kragen.

Mit der Liebe so genau kann`s auch nicht jeder nehmen,
wenn ihm der Tag was reizendes beschert.

Bist du so, so Bin Ich anders, Bist du anders, Bin Ich so,
das fügt sich wunderbar zusammen im unendichen
Hofieren.

Was du immer redest ist Mir fremd, solang es nicht in
Meinem Sinn und Geist geschieht im Wunderbaren.

Konsequent sein ist ja recht und gut, doch wenn`s auf
biegen und brechen geht, mag`s auch zum Unsinn
führen.

Ich bringe hier die Kunde von dem Glück, das dich
beseelt, seitdem du Mich gefunden.

Was kann dich mehr begeistern, als Mein Wort
vornehmlich in verruchten Tagen.

Ich brauche nicht aus Meiner Haut zu fahren,
weil Mich keine einhüllt in der geistigen Genese.

Wozu auch zählen. Ich bestreite alles aus Mir selbst
im grossen Stil und habe dabei gar nichts zu verlieren.

Vor allen Dingen ist die Ruhe zu bewahren, dann ergibt
sich auch der Herzensfrieden, den du so sehr ersehnst.

Alles Mögliche bemängelst du, ohne auch nur das
Geringste davon zu begreifen.

Dein Edelmut beschränkt sich meist darauf,
dich selber masslos zu begünstigen.

Was machst du dir für Sorgen, wo doch alles
in der Fülle Gottes liegt.

Hast du Kenntnis von dem Wunderbaren, das dich täglich
mild umflutet, wünschest du nichts andres mehr.

Wünschest du, als Bote Meiner Sendung zu agieren,
kann Ich dich zu dem befördern, was du eh schon warst.

Am Ende siegt der gute Wille, das zu tun, was recht ist
und erspriesslich vor den himmlischen Gewalten.

Minutiös sollst du verfolgen, was Mein Wille ist
im Gleichklang mit dem deinen.

Was trägt dich wohl am weitesten voran? Der Wille,
dich nach Meinem Ideal zu stilisieren.

Du bist zu grossem Dank verpflichtet für des Lebens
Unterhalt und für die mitternächtige Ruh.

Wem glaubst du mehr zu dienen in der Tage Lust und
Lautenspiel? Dir oder Mir.

He, he, legst du an allem, was dir so begegnet,
denselben Massstab an?

Hast du dich ins Nesselbett gesetzt, kann Ich dir
die Kratzebürste dazu leihen.

Mich brauchst du immer, um dein Leben zu bestehn.
Es ist die Kraft, die Ich dir dazu frei heraus vergebe.

Erbaust du dich an einem Wiesenblümchen,
gehört Mein warmer Sonnenstrahl dazu.

Besinne dich auf Meine Rechte, sowohl an dir wie an
deinem Eigentum im weltlichen Gehege?

Provisorisch kann nur schlecht sein, weil es allemal
ersetzt und weggeschossen wird.

Eine Laus geht das dich an, was in Mir brodelt,
einer neuen Welt entgegen.

Die Marxisten sind auch gerne Moralisten,
aber leider hört man nicht auf sie.

Die Wunderfitzen stellen allerhand in Frage,
doch die Änderung ist nichts für sie.

Modisch kann auch miserabel sein,
wenn es die Damen schrecklich übertreiben.

Die Nimmermüden werden von Mir reich belohnt
für ihre Heldentaten. Kennst du sie?

Ich hole dir die Münzen aus dem Brunnen,
sie hineinzuwerfen aber liegt an dir.

Das Wackere soll auch zu dir gehören,
ohne grosses Tam Tam vor der Stubentür.

Mit noch so viel Geschrei ist wenig auszurichten, wo
die Ohren zugebunden sind, den Freunden im Quartier.

Wen die Sonne grüsst in azurblauen Weiten, ist zugleich
in Meiner Sicht und Sorge dort und hier.

Womit bist du mehr verbunden als mit dem der *Ist*
mit seinen weltenschaffenden und sinngeladnen
Präsentationen.

Kleiner Mann ganz gross
in deiner seinsgeschichtlichen Allüre.

Worauf besinnst du dich im Rahmen seinsprofunder
Meditationen? Auf Mich, nicht wahr und auf Mein
Pausenlos-in-dir-Rumoren.

Meine Andacht ist die Andacht der Propheten,
die ihr Weltgefühl veräussern wollen.

6

Schlotternd steigst du aus dem Bad

6.1

Im ewigen Wandel still dein Lebenswerk verrichten
ist doch wunderschön.

Was ist bekömmlicher als Meine Art und Weise Mich
dir vorzustellen.

Die Weisen finden immer eine Lösung, um sie
in der Welt auf's Köstlichste zu etablieren.

Vor und nach der grossen Schau herrscht immer ein
belächelnswertes Treiben.

Der Wind der Wahrheit weht durch alle Gassen Meiner
Zuverlässigkeit und Meines sittlichen Betragens.

Hast du dir angewöhnt dein Wesen als das Meine
anzusehn, kommen dir die Dinge dieser Welt in aller
Freundlichkeit entgegen.

Jedem Ende pflegt sich alsogleich ein neuer Anfang
anzufügen.

Die Wissenden und Weisen gehen dir stets
um ein paar Schritte seinsgerecht voran.

Was du immer willst in *Meinem* Sinne, ist dir zuvor
von Mir ins Herz geschrieben worden.

Alle Wände haben Ohren, aber deine scheinen nichts davon gehört zu haben, dass Ich existiere, akkurat in dir und deinen wilden Spekulationen.

Morgenschön und kraftvoll tret Ich auf in deines Seiens Gloriole, doch du veräusserst, was Ich in dir Bin, als wäre nichts daran zu finden.

„Befiehl Du meine Wege", welch vertrauensvolles Resümee erhabener Gedanken, Meinem Allgefühl entgegen.

Nichts geht dir verloren, wenn du dich Mir hingibst. vielmehr hast du alles zu gewinnen.

Was dir lieb ist, soll Mir recht sein, wenn es nur in *Meinem* Sinn und Geist geschieht.

Konstruktiv und Kapital sind Meine Interventionen in des Lebens Lust und Frust und Liebesspiel.

Was dir immer so behagt ist die Lust am Rebellieren, bis die bessre Einsicht sie besiegt.

Kaum ist die alte moderiert kommt schon die nächste Riesenwelle angezogen.

Wie leichthin schwindet dir der Mut, und trotzdem Bin *Ich* dir die Zuversicht an sich im grandiosen Weltgefüge.

Jeder Wink von Meiner Hand ist ein Fingerzeig zum Guten in des Lebens langgedehnter Föderation.

Das Allheitl erlangen kannst du nur in Mir und Meinen götterlichten Qualitäten.

Was du Bist steht in dem Sternenall geschrieben, das Ich wesenhaft, wahrhaftig und gebieterisch vertrete.

Wem gehörst du letztlich an? Dem Geist der Welten, der dein wichtiges Getue ad absurbum führt von Fall zu Fall im Andersartigen.

Konstanz ist dir aufs Beste zu empfehlen, um deiner Neigung zur Vergesslichkeit zuvorzukommen.

Wer hätte das gedacht, dass deine Kräfte schliesslich bis zum Himmel reichen.

Wer trägt dich immerzu voran? Der Genius der Welt, der Ich dir Bin in hunderttausend Variationen.

Womit verträgst du dich am Besten? Mit der Frage nach dem Sein und mit der Antwort, die Ich dir darauf entbiete.

Was kümmert dich die grosse Welt, wenn dir schon deine eigene genug zu schaffen macht in deinem Sie-empörend-Finden.

Womit kann Ich dienen, wenn nicht mit dem Hinweis auf Mein Wort des unermesslichen Gesundens.

Was spornt dich besser an, als die Gelegenheit, nun endlich Ernst zu machen mit dem Gang in deine Wesenstiefen.

Was dich aufregt, regt Mich ab und zeigt Mir, was du noch zu lernen hast in deines Wesens Radikalitäten.

Springst du Mir zu, so springe Ich Mir selber nach in wunderbarem Über-dich-Verfügen.

Ohne Gewähr für Nachhaltigkeit lass Ich nichts über dich ergehn in Meiner Wissenschaft vom flatterhaften Menschenwesen.

Was dir immer zustösst, muss zuvörderst Meinen Stempel tragen.

Weißt du auch in welchem Mass Ich jede deiner Gesten bis ins Detail kontrolliere?

Alles kommt von Mir, und alles ist der Güte ewigen Lebens anempfohlen.

Womit kommst du wirklich gross heraus? Im zügellosen Saus und Braus.

Zuviel Gedanken sind genauso -wie zuwenig-
schädlich für's Gemüt.

Wir ziehen um, doch nur auf diese Weise können wir
noch längst nicht weiser werden.

Woran liegt es wohl, dass du noch so viel leiden musst
unter deinen Illusionen?

In vielen Fällen magst du recht behalten, aber wenn du
Unrecht hast, gib es doch zu.

Manieren hast du nur so weit, bis dich niemand mehr
beäugt bei deinen zweifelhaften Taten.

Schlotternd steigst du aus dem Bad, besonders,
wenn es eine kalte Dusche war.

Wer wimmelt dich am ehsten ab: von dem du
etwas Herzliches erbittest.

Knacknüsse sind sogar für dich geeignet,
dir die Zähne auszubeissen – oder zu polieren.

Von Ferne gegrüsst fühlst du dich freilich
in die weite Welt versponnen.

Zum Glück hast du ein gutes Mundwerk, um dich überall
herauszureden.

Deine Künste werden eben doch durchschaut,
besonders von den engsten Freunden.

Dein make up gleicht allmählich dem von einem
schlechten Clown.

Trotzdem sollst du ständig auf der Hut sein vor der
Schlauheit der Ganoven.

Null Toleranz ist nur für Unbeholfene das rechte Mittel
zum Regieren.

Kamerad, was maulst du vor dich hin, es sind vor dir
schon manche gleich behandelt worden.

Nicht bücken, sondern lächelnd aufrecht stehn,
sei die Devise für den Freudentag.

Nur noch eine kleine Weile und du wirst von allen
estimiert ob deinen Wundertaten.

Krämerseelen sind stets in Gefahr, den roten Faden
zu verlieren.

Was träumst du vor dich hin. Du könntest ja von Glück für deine Spannkraft reden.

Ausserordentlich an dir ist die Idee, tüchtiger als alle anderen zu sein.

Ein Wunschtraum geht dir in Erfüllung, wenn du endlich einmal deine Haut am Sandstrand rösten kannst.

Verrückt sein ist auch eine Option, wenn sie nur nicht so teuer wäre.

Du kommst nicht weiter, wenn du bloss negierst, neue Wege musst du kühn beschreiten.

Sind dir alle Mittel recht, so wirst du doch das Beste dir verschreiben.

Plankton ist für grosse Mäuler angemessen, doch die kleinen müssen kräftigeres in die Zange nehmen.

Vor allem spute dich, damit die andern nicht vor dir ins Ziel gelangen.

Auch die Ketzer müssen sterben, deshalb sei bemüht, nicht zu knallig aufzutreten.

Am Morgen war er noch ganz fit, doch gegen Mittag gings schon bös in Richtung Grube und am Abend war er hin.

Mit welchem Recht willst du Mir in die Arme fallen, wo Ich doch so zügig dir zur Seite steh.

Wie willst du dich denn über Wasser halten, mit deinen viel zu kurzen Beinen.

Nur eins will Ich dir sagen: denke nie, es sei vergebne Liebesmüh gewesen.

Was du voraussiehst, kann dich vor vielem Ungemach bewahren.

Wer hätte das gedacht, dass du so clever bist, in diese Falle nicht zu tappen.

Wenn es dir gelingt, für eine Weile die Gedanken still zu halten, kann Ich dir ein Wörtchen von Mir in die Seele raunen.

Für den Moment Bin Ich für deine Kapriolen nicht zu haben, etwas später aber schon.

Soforthilfe kann Ich dir gewähren, wenn du sie erbittest, fassungslos.

In Minne kannst du dich mit Mir vereinen, auferweckt durch Meinen liebevollen Strahl.

Monster kann Ich nicht in Meinen Gütern akzeptieren, aber mustergültige Betreiber schon.

Zuerst die Pflicht, und diese will Ich mit Glückseligkeit Elysiens belohnen.

In weiten Kreisen Bist du jederzeit von Mir umfangen, und sie werden enger, dir zum wohlverdienten Lohn.

Warum triffst du Mich hier an? Weil Ich dir nachgelaufen bin, du närrisches Figürchen.

Was willst du mehr, als immer weniger für dich zu wollen in des Lebens Wohlstand und Spagat.

Klein aber fein will jeder sein mit seinen prächtigen Parolen.

Nun denn, wie gedenkst du dich im Weitern durchzuschlagen? Mit Humor und wie am festgezurrtens Strick am Galgen.

Ist es zuviel verlangt, wenn Ich von dir einwenig mehr Respekt erwarte?

Mein lieber Schwan, was führst du heute wieder
wackeres im Schilde?

Nichts für ungut, aber mit so einem wie du kutschiere Ich
nicht eben gern.

Wo find Ich Trost, kann du dich füglich fragen, wenn du
Mich vergessen hast in deinem Proletariat.

Täglich wird dein Wirkfeld frisch gewaschen, aber
sauber wird es nie.

Wieviel Zähne hast du dir schon ausgebissen für nichts
und wieder nichts in deinem starren Wertsystem.

Konsterniert siehst du auf was du angerichtet hast –
und tust es trotzdem wieder.

Von Edelmut in deinem Handeln keine Spur,
nur stumpfes Aneinanderfügen.

Hast du begriffen Kapitän, wohin die Lebenswinde
dich verfrachten wollen?

Wie zärtlich äusserst du dich deinem Hündchen
gegenüber, Mir geschieht das nie.

Dein Konzept ist gut, nur muss es auch in der Verwirklichung die Güte in sich tragen.

Randvoll der Kratten deiner Sorgen, bitte leer ihn aus und fülle ihn mit Zuversicht und Herzensfrieden.

Der Ruhm ist dein, wenn du dich dazu überwindest, unbeschwert im Sein zu bleiben.

Wo kommst du hin, wenn du nur gelbe Rüben futterst, trotz dem Verlangen nach Ragout und Gallusbier.

Willst du gehorchen, so nimm dir Meine Weitsicht zum Gespan.

Die Kinder sind dir so willkommen, weil sie alles glauben, was du vor sie hin drapierst.

Endlich hast du Mich verstanden in dem Fassungslosen, das Ich für dich auserwählt.

Gute Sitten sind das A und O der Könige, wie der gestandenen Propheten.

Eine Gabe für die Blinden halt Ich stets bereit, damit sie sehend werden.

6.2

Die Rädelsführer halten sich verborgen, damit sie nicht gerädert werden.

Die Wirkung ist enorm, wenn du dich richtig aufspielst vor den liebestollen Massen.

Bis auf weiteres kann Ich dir nicht mit Komplimenten dienen, derweil du dich noch wie ein Grobian benimmst.

Im Zuge Meiner Restaurationen wirst auch du dem Ausputz nicht entkommen.

Ich warne dich vor Übertreibungen, denn die Blamagen folgen ihnen auf dem Fuss.

Am liebsten spiele Ich mit Gegnern, die ein Vorfait angemeldet haben.

Auf die hohe Kante legen kann Ich nicht mehr viel, weil Mir zuviele Felle weggeschwommen sind.

Entscheide dich zu dem, was dir schlussendlich nützt für deine Wallfahrt in die Geistessphären über allem Schlendrian.

Was regt in dir die trefflichsten Gefühle? Die Schau auf was du Bist im Andersartigen.

Was pflegst du deinen Freunden mit auf ihren Lebensweg
zu geben? Den Rat, zuallererst ihr Weltensein zu
kultivieren.

Was ist dir von anno dazumal geblieben? Der
Forschergeist im Hinblick auf das Wie und Wo.

Helfen dir die Götter immer noch, dein Image
hochzuhalten, punktgenau und generös?

Womit willst du dich fortan bewähren? Mit dem
Seinsvertrauen, das du dir zurechtgelegt.

Magst du Scherze, die sich regelrecht auf dich bezie'n?
Wie Ich denke, nimmermehr.

Durchaus machbar scheint dir manches, was dann
gründlich abverheit in deinen wirren Spekulationen.

Was kann es dir schon schaden, wenn du für einmal
kratzebürstig bist, es hat's ja niemand weit und breit
gesehn.

Was du kontrollierst muss dir auch unterwürfig sein
in deinen lächerlichen Illusionen.

Woran du glaubst, muss nicht unbedingt
das Allerbeste sein.

Mustere das Leben, aber sei nicht stur in deinen
wohlgemeinten Separationen.

Ohne Zweifel wirst auch du zuweilen zweifelhaftes
inszenieren im Aufwall der Gemütlichkeit.

Spinner tragen vieles öffentlich zur Schau, was andre
noch verschämt verborgen halten.

Hast du dich verrechnet, ist es oft zu spät, um es zu
korrigieren, dann geschiehts.

Was den Würmern nicht gelingt, bleibt dem Vermodern
überlassen, gemächlich vor sich hin.

In Grenzen halten lässt sich kaum etwas,
was du einmal tüchtig angestossen.

Was bummelst du herum, wo es doch noch so vieles
zu verbessern gäbe?

Nicht ohne sind die Argumente, die du aufführst.
Trotzdem glaubt sie niemand, nur weil sie von deiner
Seite kommen.

In den meisten Fällen von Malheur
bist du selber schuld daran.

Zutiefst erbaulich für dich sind nur jene Dinge, die der Welt als ganzes dienen.

In deinem Wintergarten wird es bald einmal zu einem veritablen Sommer kommen.

Deine gute Miene bringt die halbe Welt auf Trab in ihren Niederungen.

Das Köstliche wird auch was kosten, wenn du selber ihm den rechten Charme verleihst.

Das grösste Abenteuer ist noch immer deine Fahrt ins Niemandsland der Geisteswelten.

Willst du zu Mir kommen, komme erst viel tausend Mal zu dir.

In der Folge deiner Taten wird sich manches andere ganz anders arrangieren.

Wogende Felder, wogender Wind, bald wird er auch dein Seelensein berühren.

Auf der Triebschen ist Betrieb wie vor siebenhundert Jahren, weil dort der Tell sein comeback feiert.

Ausgerechnet du gewinnst das grosse Los,
wo Ich es doch so gern für mich ergattert hätte.

Wie ungerecht verteilt der Himmel seine Gaben,
wenn Ich doch nur wüsste, was dahinter steht.

In Liebe verbunden, in Freude vereint, wenn`s doch
nur immer so vonstatten ginge.

Verächtlich spuckt er den Tabak in einen Strassengraben.
Was hat der ihm zuleid getan?

Ein arger Minusposten kann nur durch ein resolutes Plus
einwenig aufgewertet werden. Das scheint gar manchem
nicht so klar.

Ohne Meinen Willen kann im Weltall nichts vernünftiges
geschehn.

An der Türe steht der Bettler. Wimmelst du ihn wirklich
mit begütigenden Worten ab?

Was hat er dir getan, dass du ihn so gemein behandelst
in der Morgenfrüh?

Die Siebenschläfer müssen einmal doch erwachen,
damit sie weiterschlafen können.

Mit dem Griffel in der Hand wirst u Mir wohl noch ein
paar nette Worte widmen können.

Was kannst du noch verteten – mit verstauchten Füssen?

Immerhin bist du schon zwanzig Jahre alt und hast
gelernt adieu zu sagen.

Scheust du dich davor, Mich anzurufen, kann Ich dir dazu
schon Beine machen, auf die feine Tour.

Es befremdet Mich, dein Veto überall zu hören,
wo es um Geisteskräfte geht.

Womit willst du dich amüsieren, wenn es nichts mehr zu
lachen für dich gibt?

Im sichern Hafen lässt sich trefflich über alles
spekulieren.

Mir wird Wind und Weh, wenn Ich an deine Zukunft
denke in den Geisteshöhn.

Was gibt es noch zu holen, wenn nichts mehr vorhanden
ist in deinen ausgeraubten Gärten?

Zuguterletzt machst du dir keine Sorgen mehr, weil du
versorgt bist bis in alle Ewigkeiten.

Magst du Melonen? Dann müsstest du wohl auch die Menschen mögen.

Das Nimmergrün ist nur für jene, die stets auf der Hut vor bösen Geistern sind.

Was klagst du dich stets selber an? Um dich vor aller Welt herabzusetzen?

Im Wesentlichen geht es darum, deinen guten Ruf bei Mir und Meinem Anhang zu bewahren.

Nicht einmal umgesehn nach Mir hat sich der Kuriose. Dabei hätt`er sich`s bestens leisten können.

Mit aufgepflanztem Bajonett sind einst die Krieger losgezogen. Heute sitzen sie am Pult und lenken seelenlose Drohnen.

Was knapp ist, brauche Ich dir nicht zu sagen, aber bei zu knapp hast du nichts mehr davon.

Hast du Nerven, musst du damit rechnen, dass sie auch beansprucht werden im täglichen Tohuwabohu

Die Mitte der Gefühle ist immer schon mit ihrem Ende eng verbunden.

Bist du dir bewusst, wie viel von deiner guten oder miesen Laune abhängt in der Gloriole deines Lebens.

Keine Zeit ist auch etwas, mit dem sich wunderbar jonglieren lässt in der Willkür deines Wohlbefindens.

Ist die Frage denn erlaubt, was geht hier vor, wenn doch alle friedlich schlafen.

So ist auch das Letzte was Ich sagte ganz genau auf dich gemünzt, würdest du es nur erahnen?

Klagen kannst du wohl, doch ändern willst du nichts und wieder nichts an deinem Lotterleben.

Nichts neues von dir wird die Sonne auch in Zukunft sehn, wenn du dich nicht ermannst es hervorzubringen.

Konjunktur herrscht bei den Gehässigen wie bei den Im-Trüben-Fischenden. Wo hast du deine angesiedelt?

Vorderhand befehle *Ich* noch deine Wege,
bis die Deinen stubenrein geworden sind.

Verstehst du deine Münzen selbst zu prägen,
rate Ich dir, Meinen shop zu meiden.

Nicht unter, sondern über Null soll die Devise
ausgegeben sein für deine künftigen Wundertaten.

Auch das Unbekannte mag dir recht bekannt erscheinen,
wenn du es mit *Meinen* Augen registrierst.

Bis auf weiteres gibt es an Meinen Direktiven nichts zu
rütteln, wenn sie dir auch noch so auf die Nerven gehn.

Kennst du den Spruch: am Morgen rot, am Abend tot?
Ich habe ihn für dich erfunden, damit du wacher
durch das Leben gehst.

Womit willst du deine Schuld bezahlen;
wenn dir die Reserven ausgegangen sind?

Wählerisch musst du bei Mir nicht sein, weil Ich dir alles,
was du willst freimütig offeriere.

Ziellos in den Tag hinein zu leben, wird dir
einst gewaltigen Verdruss bereiten.

Klammheimlich hat der Nachbar dir die Show gestohlen,
weil du, auf was du Bist zu pochen, unterlassen hast, in
deinem lässigen Benehmen.

Was boomt wird auch begehrt von vielen, die es gar nicht
brauchen.

Nur Ich kann wissen, was dir wirklich frommt in der
Fülle deiner Wünschbarkeiten.

Glaubst du dich erhaben, gibt es immer noch genug
Begehrlichkeiten, die dir arg zu schaffen machen.

Bist du deinen Zielen nah, so gilt es dennoch,
Meine auch noch zu erreichen.

Gewinnst du Meine Sympathie mit deinen Taten,
winkt dir reicher Lohn dafür.

Leider hast du nicht bedacht, was Ich zu deinem
Schnellschuss zu bemerken hätte.

Wie klug von dir, dich einwenig
dümmlich auszugeben.

Mit viel Geschick bist du Mir einmal noch entkommen,
aber künftig stelle Ich dir unverhofft ein Fallenspiel.

Im Weitern kannst du nicht mehr mit Mir rechnen,
wenn du beharrlich seitwärts ziehst.

Manche wüste Szene liesse sich vermeiden, wenn die
Kontrahenden Mich in ihrem Wesensein erkennten.

Viele Unternehmungen erlahmen mit der Zeit, die ihnen
zur Verfügung steht.

Mobile Kräfte sehen es nicht gern, wenn ihnen träge
die Besinnung rauben.

Ganz ohne etwas geht es nicht in deinen Niederungen;
so auch gewiss in Meinen Höhn.

Wer kann von sich behaupten, völlig unbeschwert zu
sein, sogar, wenn ihm was allzumenschliches passiert?

Glaubst du an die Wiederkunft der Wesen, so musst du
auch so viel wie möglich dafür tun.

Die Moral ist angeschlagen, rascher als sie sich geformt
hat in der Kunst, dich richtig zu benehmen.

Das hätte noch gefehlt, dass Ich, was du
verbrochen hast, ungeahndet laufen liess.

Die Wirkung deiner Taten wirst du gleich am eignen Leib
erfahren.

Traust du dir etwas zu, so kann auch Ich dir ungeniert
Vertrauen schenken.

7

Klarheit herrscht, wo Ich verkehre

7.1

Übersicht und Klugheit sind vonnöten, um dem Leben
den gerechten Sinn und Wohlstand zu verleihen.

Meine Güte reicht so weit, wie es angemessen ist für dich
in deinen Widersprüchlichkeiten.

Meine Sorge gilt den Uneinsichtigen, die sich ohne
Meine Hilfe hilflos durch das Leben schlagen.

Besinnst du dich auf das Notwendige in deinem Leben,
kannst du Meiner Grazie gewiss sein fürderhin.

Wie fügt sich doch so vieles wie von selbst zusammen
in der Seinsgeschichte, die Ich unaufhörlich weiterwebe.

Ich übertrage dir den Schmelz der Schöpferkraft, mit der
Ich Universenwelten wirkungsvoll kreiere.

Banalem kehre Ich den Rücken, genialem aber helfe Ich
dabei, sich durchzusetzen, unfehlbar.

Klarheit herrscht, wo Ich verkehre und verkehrtem
handkehrum zur Mustergültigkeit verhelfe.

Was haftest du am Boden deiner Wirklichkeiten,
ohne Meinen hochgeschwungenen Beachtung und
Verständnis darzubringen.

Milles feuilles eignen sich besonders dazu, alles zu bedecken, was nicht koscher ist in deinen Widersinnigkeiten.

Eine Saga will sich auch an dir erfüllen. Tritt in Meine Reihen und bewältige, was Ich von dir erwarten kann.

Weder minder noch erhöht sollst du dich fühlen, sondern gleichberechtigt, wenn du vor Mir stehst.

Was könntest du noch tun, wenn du glaubst, schon alles für dich wichtige getan zu haben?

Nur gemach, wir steuern lang noch nicht dem Untergang entgegen.

Klebst du noch an deinem Sessel, wird dir Meine Lösung Linderung verschaffen.

Wessen Ehre dich begabt ist ausschlaggebend für den Zustand deiner Seele.

Witzig sein ist eine Option für alle, denen nichts mehr einfällt, um den Tag zu Grab zu tragen.

Deine Katastrophen sind bei Mir kaum halb so gross, im ruhigen Betrachten.

Was bestens zu dir passt, muss noch lange nicht auf
Meiner Linie liegen.

In der Gemeinschaft mit den kapitalen Geistern nimmt
auch deine Grösse merklich zu.

Willst du weben, bringe dein Konzept mit Meinem
wohlgemut zusammen zur gefeierten Textur.

Was rein ist, wird von *Mir* bestimmt und durch alle
Böden durchgehalten.

Blicke du mit Zuversicht voran, um Meine Pläne willig
und gelassen auszuführen.

Alles muss sich schliesslich wunderbar mit dem
vertragen, was Ich will in Meinen kreativen Iterationen.

Molto cantabile soll sein, was du Mir vorträgst
in der Folge deiner Präsentationen.

Hat sich der Sturm gelegt, kann Ich deine Seele mit
erhabener Bewusstheit infiltrieren.

Die Morgenstund sollst du Mir weihen, um den Tag
beschwingt und lupenrein in Gang zu setzen.

Weine nicht, wenn dir ein Unheil widerfahren,
meistens ist es doch zu deinem Glück geschehn.

Wie kommst du dazu, gegen deine Obrigkeit zu löken,
wo sie doch stets zu deinen Gunsten operiert.

Anstandslos zusammenfügen lassen sich nur jene Dinge,
die zum vornherein zur Einigkeit berufen sind.

Der Grips in deinem Kopf soll dazu dienen,
deiner Weltschau einen Zacken zuzusetzen.

Welche Schande, so gegen deine Seinsgeschwister
vorzugen.

Liebst du Gelati, musst du auch ein Gläschen Wasser
dazu lieblich finden.

Nicht immer hast du recht, doch neigst du dazu,
immer recht zu haben.

Honigsüss das Lächeln einer Fee, die sich das
Verzaubern ins Gemüt geschrieben.

Klärst du ab, so Bin Ich Mir`s gewohnt, am azurblauen
Horizonte aufzuklären.

Wohin Ich Mich zurückzog, wirst auch du einst hingelangen.

Unfehlbar zu sein gelingt nur denen, die sich vollends Mir verschrieben haben.

Fühlst du dich erledigt, kann *Ich* dir auf jedem Fall noch weiterhelfen.

Gefährliche Transaktionen haben es in sich, mit Pannen abzuschliessen.

Prophezeiungen sind immer vage, damit sie möglichst in Erfüllung gehn.

Die Krux von der Geschichte ist, dass sie sowohl im Plus wie auch im Minus enden kann.

Was geht hier vor, kannst du dich immer wieder fragen, ohne je ein Ende abzusehn.

Eben hat die Kasse noch geklimpert und nun ist sie plötzlich leer.

Was brauchst du noch dazu, wenn du in *Meinem* Sinn und Geist salut geworden.

Du könntest dir die Haare raufen, weil du nicht schon früher Meines Seins und Sinnens Zuversicht gefunden.

Was du von Mir weisst ist herzlich wenig, im Vergleich mit dem, was Ich von dir erfahren habe.

Dein Geschick ist wie das Meine übersinnlich und majestuös.

Was kostet dich ein Lächeln, wenn es soviel Mehrwert generiert?

Lappalien sind bei Mir verpönt, handfest soll dein Auftritt vor Mir sein.

Nolens volens musst du rasch in Meine Stapfen treten, um das Gottesziel noch zeitig zu erreichen.

Geht es dir gut, so soll es deinem Nächsten besser noch ergehn.

Mit aller Konsequenz sollst du Mir angehören, kluggeword`ner Kapitän.

Millionen sehnen sich danach erlöst zu werden, den Weg dazu muss jeder selbst beschreiten.

Wer Mich verkennt begibt sich in Gefahr, sich selbst und schliesslich alles zu verlieren.

Was unterstehst du dich, wie ein Gebieter vor Mir aufzutreten, derweil dir doch bekannt ist, wem das Weltensagen zugehört.

Getraust du dich, dem Mass der Dinge, das Ich Bin, dich zu vereinen, wirst du dich wie neu geboren fühlen.

Null Toleranz wird zugestanden von den Radikalen, die sich der Unbeweglichkeit verschrieben haben.

Wo die höchsten Wogen sich erheben, muss es wieder in die tiefsten Täler gehn.

Wirst du`s geschehen lassen, dass in Meinem Namen ungebürliches geschieht? Ich werde dich dafür zur Rede stellen.

Nun sind wir hier und leisten uns den Scherz, auf`s Dortsein zu verzichten.

Bist du wild pass auf, dass dich niemand abschiesst im Gestrüpp der Lebenstage.

Postwendend fällt auf dich zurück, was du Mir angetan mit deinen Spinnereien.

Mantrams nützen gar nicht viel, solang du sie auf einem
Zettelchen im Sack bewahrst

Nur immer zu, Ich möchte dich bei deiner Wühlarbeit
nicht stören.

Am Besten kannst du Mir gefallen, wenn du deine Welt
in Meine integrierst.

Eins mit allem ist die köstlichste Devise, die Ich dir
plausibel machen kann in Meiner Seinsvernunft und
Daseinsstrategie.

Was beschäftigt dich am Meisten? Deine eigene Statur,
die dich daran hindert dich gebührend mit dem Weltsein
abzugeben.

„Ich gehöre nicht mehr mir", sollst du dir ständig sagen,
hingegeben an des Seins erhabenes Gefieder.

Meine Stärke ist es, deinen Schwächen vorzubeugen
in bewusster Choreografie.

Dein Schweigen hält Mich dazu an, beredt und feierlich
zu werden in der Offenbarung Meiner Seinsideen.

Was sich windet, schwindet wieder, nur geradeaus
kannst du zum allerhöchsten Ziel gelangen.

Hoffst du auf baldiges Genesen, kann Ich dir dabei aufs Zuverlässigste behilflich sein.

Was hast du nun von allem, was du hattest, wenn dir nichts mehr blieb als Seinsvertrauen in der Not.

Ich gewähre dir Rabatt auf alles, was du sehnlich wünschest, wenn du es nur Mir gemäss gebrauchst in deinen Präsentationen.

Mit wem bist du verwandt, wenn nicht mit Meinem universenweiten Seinsgehaben.

Gross ist die Versuchung deinerseits, Mich ganz zu ignorieren, ob der Fülle deine Tätigkeiten.

Was Ich dir schweigend biete ist ein Bouquet von erhabenen Gedanken, die dich zu Meinem Hofstaat dirigieren.

Berechnen kannst du wohl, doch mit dem Schlimmsten noch zurecht zu kommen fällt dir schrecklich schwer.

Ich schreibe dir was vor und du bist intensiv dazu gehalten, es gebührend nachzuschreiben in der Seinsverbindlichkeit mit Mir.

Wie kannst du nur so zögerlich im Buch der Weisheit lesen, wo es dir doch soviel gediegenes entböte.

Die Dummen sind erst klüger, nachdem sie tüchtig
übers Ohr gehauen wurden.

Königlich kommst du daher, sowie du Meines Wesens
dich entsinnst in deinen Herzensgründen.

Was kann dich angemessener durchs Leben leiten, als.
Mein Ruf in deinen Wüsteneien.

Auf Mein Wort sollst du in Meinem Reichtum
auferstehn zu unerhörten Taten.

Wie sachte du auch immer vorgehst, Ich Bin Mir
feingefühlteres gewohnt in Meinen Konsultationen.

Auch deine Bäume können nicht bis in
die Himmelweiten sich ergehn.

Kontrolliere dich auf Eigenheiten und sei wachsam,
dass dir keine durch die Latten gehn.

Balustraden errichten ist eines, vereinigen ist mehr
in *Meinem* Sinn des Unterweisens.

Der Glanz auf deinem Zügen weckt Vertrauen auf ein
ewig Wiedersehn.

Was will sich in dir formen? Meine Hoheit in
gottseliger Manier.

Das Listige ist separat
auf Meinen Listen eingetragen.

Kommt es zum Eklat, ist es besser, schlicht und
selbstbewusst zu schweigen.

Was trauerst du um ein paar lumpige Dukaten,
derweil die Meinen glänzen wahrhaft schön.

Gewiss ist, dass Ich obendrein noch in der Geistwelt
defiliere.

Wer Geschmack hat, wird nicht immer mit den andern
tauschen wollen.

Bist du für Mich, schadet es auch nicht, für andre
da zu sein.

Anerkennst du was *Ich* meine, gehst du auch bei
andersartigem nicht fehl.

Was beliebt, wird gerne überzogen und zieht sich in die
Länge bis zum Gehtnichtmehr.

7.2
Du Bist von Christi Liebe und Heilkraft
durchströmt.

Lichte Liebe darfst du
von der Geisteswelt erfahren.

Mein harmonisches Geflüster klingt dir ständig
in die Ohren, du brauchst ihm nur Gehör zu schenken,
fürderhin.

Was für den Morgen zählt, das soll auch für den Abend
gelten.

Christi Heilkraft wirkt im Überall
von deinem Wesen.

Der Liebesfunke springt vom einen zu dem andern über,
wenn du Mich im Innersten berührst.

Ich kenne deine Sehnsucht und kann ihr Satisfaktion
gewähren, Zug um Zug.

Die Meinung, die du Mir entgegenbringst, ist das Mass
der Dinge, denen Ich Gewicht, Wahrhaftigkeit und
Himmelslicht entbiete.

Wer kann es fassen, dass Ich überall auf's Innigste und
Intensivste gegenwärtig Bin?

Mein Geist ist Güte in verehrenswerter Deutlichkeit und
Meine Tugend ist so jugendfrisch wie eh und je.

Gehörst du Mir, Bin Ich der erste, der auch dir gehört
mit namenlosen Freuden.

Bestimmung ist, dass du mit lauterm Sinn dein
Scherflein beiträgst zum Erreichen Meines Weltenziels.

In deinem Falle lohnt es sich, dir tatenkräftig
beizustehn.

Kann Ich dir raten? Dann harre aus und bald werden
wieder Freudenlichter vor dir strahlen.

Wo das Kleinliche verschwimmt bricht vehement das
Übersinnliche hervor mit seinen vielgerühmten
Qualitäten.

Glaubst du an Mich, dann darfst du Meiner Hilfe in den
ärgsten Nöten sicher sein.

Was kann Ich dir noch zu Gemüte führen? Nichts neues,
aber das Gehabte neu drapiert.

Perfekt ist die Verwunderung, wenn plötzlich alle dich
verlassen und du mit abgesägten Hosen betteln gehst.

Ich mag es frei heraus und du beginnst schon vorher
kläglich zu verzagen.

Was ereiferst du dich, wo die Lebensdinge doch auf
Meiner schnurgeraden Linie liegen.

Eine Weihe ohnegleichen schwebte über Wald und Flur,
da zerriss sie ein Traktor.

Mein Vortrag trägt dir niemals etwas nach,
weil Ich stets bestrebt Bin nur vortreffliches zu
kolportieren.

Was wahrhaft zählt in deinen Tunlichkeiten sind die
liebevollen Seinsgedanken, deinen Schützlingen
entgegen.

Was die Sonne dir gebietet ist, ihr Licht und ihre
Wärme in die Wesenswelt zu tragen.

Was rat Ich dir, wenn alle Stricke reissen? Halte *Meinen*
fest in beiden Händen und ziehe dich an ihm zu Mir
hinan.

Einen Riegel schieben will Ich allem Minderen in dir,
damit dein wahres Wesen aufblüht, *Meinem* liebevoll
entgegen.

Musst du in Quarantäne gehn, so rat Ich dir, den
Wohlklang Meines Weistums mitzunehmen.

Ich glaube dir aufs Wort, wenn du Mir von deinen
Sorgen um den Weltenlauf berichtest.

Parallelen ziehen hat den Vorteil, dass du, was du
solltest, an deinem Gegenüber messen kannst.

Mach die Welt so schön, dass du voll Wonne in ihr
leben kannst, von deiner Warte aus gesehn.

Was du auch immer tust, tue es im Gleichmass
mit dem Meinen.

Wenn du rezitierst, achte darauf, dass deiner Worte Sinn
mit Meinem übereinstimmt im unendlichen Getriebe.

Über wen willst du dich denn beklagen, wo *Ich* dir in
aller Form und Fertigkeit zur Seite steh?

Betriebsamkeit und muss nicht von schlechten Eltern
sein und trotzdem kann sie schrecklich enden.

„Gott bewahre“, pflegst du gerne auszurufen, das
Bewahren. jedoch liegt zumeist in deinen Händen.

Witzig sein ist eine Kunst, die dich gern einmal ins
Lächerliche zieht.

Mit Bedacht genossen strömen dir die Lebensdinge
doppelt wohlgefällig ins Gemüt.

Wie du dich kleidest, stehst du stets als Aussen-oder
Innenseiter da.

Nicht verboten ist, was du dir leistest,
aber unnütz meistens schon.

Woanders scheint es immer besser, als da, wo du dich
aufhältst im wankelmütigen Gemüte.

Gläubige erkennst du an dem Glanz in ihren Augen
und dem sichern Auftritt ihrer Sohlen.

Ich staune über deine Unverfrorenheit im Kartenlegen,
wo du doch weisst, dass sie gezinkt sind zirkular.

Was Ich bewertet habe, trägt das Siegel
der Gerechtigkeit am Sein und Leben.

Was nennst du übel, wo es dir zum Ansporn wie zur
Seinsvollendung dient?

Dramatisch wird das Leben erst, wo dir der Durchbruch
abverheit in deinen Boxsereien.

Die besten Würste pflegen dir die Hunde
wegzuschnappen, derweil sie an den mickrigen
vorüberwedeln.

Was dir immer einfällt ist zuerst in Mich gefallen und
was du fallen lässest, fällt in Meinen unermessnen
Schoss.

Dem pulsierenden Vorübergang der Zeiten steht der
Glanz und die Gemächlichkeit des Ewigen entgegen.

Wo es lang geht geht`s auch in die Breite und vermittelt
dem, der will, ein Sortiment von götterlichten Gnaden.

Ich walle dem, was *Ist*, vertrauensvoll entgegen und
vertiefe Mich darein in jugendlichem Übermut und
schnalzendem Behagen.

Das Günstige ist immer mit dem Makel leichter
Mangelhaftigkeit versehn.

Bist du von Sinnen, sinne Ich darüber nach, wie dir zu
helfen wäre in der Seelennot.

Einer seriösen Frage wird auch eine träfe Antwort
folgen, in deinem rätselhaften Seinsgehaben.

Wenn du willig bist, gewähre Ich dir das Statut des
freien Über-dich-Verfügens.

Wo nichts vorliegt, kann auch nichts gescheites
eingepökelt werden.

Kennst du deine Eigenheiten, kannst du sie auch
successiv` zum Besseren führen.

Was immer du erduldest
ist zum Weltenwohl getan.

Klagst du dich an, so führst du Klage gegen Mich, den
Vielverstreuten wie der Sand am Meere.

Was soll das, pflege Ich zu fragen, wenn du dich an dem
vergreifst, was du besser unterlassen würdest.

Weshalb haben Esel lange Ohren? Damit sie ihr
Gejammer umso deutlicher verstehn.

Bist du gewillt, Mir zuzuhören, kann Ich dir was blaues
vom Azur erzählen.

Bedächtig fängst du an und endest doch im gnadenlosen
Wettstreit wieder.

In vielen Fällen magst du Recht behalten, in Meinem jedoch nie.

Was Wunder, wenn du dich verirrst, weil dir Mein Geleucht nicht zur Verfügung steht.

Dich dingfest machen bringt nicht allzu viel, derweil du eh schon festgefahren bist in deinem An-dir-Wüten.

Wie hast du's herrlich weit gebracht mit deinen Spekulationen und bliebst doch vor der Geisteswissenschaft beharrlich stehn.

Was nützt es dir im Zorne aufzuwallen, wo sich doch alles wieder wie von selber seelenruhig niederlegt.

Querulanten bringen es nicht weiter als zur nächsten Konfrontation, derweil die Weisen sie geflissentlich vermeiden.

Klopfst du bei Mir an, so lasse Ich Mich gern von deiner Ehrenhaftigkeit und Reinheit überzeugen.

Wie weiter, magst du dich in allem Ernste fragen? Ohne weiteres in Meinem Takt und Stil.

Regst du dich ob Kleinlichkeiten auf, muss es dich wie ein Sturmwind kujonieren, wenn dir etwas nennenswertes widerfährt.

Was Ich dir empfehle: Tappe durch die Menge, bis du's
wieder schätzest, unbehelligt vor dich hin zu gehn.

Was folgt daraus, wenn du nicht fähig bist zu folgern:
ein Gemisch von streunenden Gedanken ohne Richt und
Ziel.

Was willst du nächstens wieder unternehmen, ohne
Meine Meinung zu erfragen?

Viele Paternoster sind gefragt,
wo *Ich* noch etwas retten könnte.

Soweit muss es kommen, dass nur einer noch regiert
und der Bin Ich im Glanze Meiner Ahnen.

Soll Ich dir zum Sieg verhelfen, sollst du es zu Meinem
ebenso.

Bewusstes Wollen bringt Erfolg in jeder Weise des
verlässlichen Verhandelns.

Zeit zum Wirken, Zeit zum Ruhn und dazwischen das
vernünftige Entscheiden.

Das Verspielte ist Mein trefflichstes Empfinden,
wie der Wunsch nach der Gelegenheit dazu.

Wohin zieht es dich, wenn nicht in Meine Nähe
weg von allem Jeminee.

Das Ganze zieht sich in die Länge
und die Kosten sowieso.

Nicht dem Hochmut sollst du frönen über deine Kunst
zu sein, sondern der Beharrlichkeit im Weiterschreiten.

Klagst du andere für etwas an, ist es weiser erst dich
selber dafür anzuklagen.

Ich komme dir in jedem Fall zu Hilfe, wenn du nur den
kleinen Finger dafür rührst.

Viel Lärm um nichts sollst du nicht schlagen, besser ist
es, die Gemüter an ein Wunderwerk heranzuführen

Was immer du tradierst soll sein zum Zwecke der
Bereicherung der Welt mit hellen Geistesgaben.

Monstruös mag sein, was sich im Irdischen begibt, doch
in Meiner Hemisphäre lässt sich alles friedvoll und
beglückend an.

Es koste was es wolle, immer hast du für dein Tun die
angemessne Zeche zu entrichten.

Grosser Aufwand, kleine Wirkung, wenn Ich dir nicht
hilfreich und gekonnt zur Seite steh.

Es erschöpfen sich die Lebensdinge Zug um Zug, wenn
nicht der Schöpfer ihnen ständig neuen Schwung
verleiht im Über-sie-Verfügen.

Keine Keile zwischen dir und Mir in der Einheit, die wir
selbander für uns eingerichtet haben.

Traust du dir verehrenswertes zu, so musst du dabei
ohne Wenn und Aber Mir vertrauen.

Was Ich dir von Mir berichte, richtet dich geschwinde
wieder auf, wenn du vordem im Staub gelegen.

Hast du es begonnen, musst du's auch zu Ende führen,
sonst ist alles für die Katz gewesen.

Kläglich kann enden wenn du ihm nicht Meinen
Seinselan verpassest, deinetwegen.

Geruhsam kannst du es nicht nehmen, wenn du
reüssieren willst mit deinen zauberhaften Applikationen.

Wohlfeil ist nur Tand und Blendwerk, Kram und
Schäbiges zu haben.

Benimm dich wohl, selbst wenn niemand da ist,
es zu kritisieren.

Später vielleicht heisst in den meisten Fällen:
nie.

Verspielt sein lohnt sich schon, dann kannst du
wenigstens mit deinem Kätzchen spielen.

Wer seinen Brand mit Wein zu löschen sucht,
giesst Öl ins Feuer.

Weitet sich dein Horizont, musst du auch wackerere
Augen haben.

„Gott bewahre", sagst du leichthin, doch zuerst musst
du dich selbst bewähren.

Klammheimlich willst du Mir entwischen und merkst
nicht, dass Ich dich stets am Wickel habe.

Die Kinder haben keine Mühe, die Wahrheit frei heraus
zu sagen. Aber du?

Wenn es gilt, sich aufzumachen, kommt dich alleweil
das Gähnen an.

Ein Marschhalt tut dir wohl, die Richtung jedoch musst
du beibehalten.

Natürlichkeit im Umgang mit der Geistwelt ist das A
und O galanten Reüssierens.

Siehst du dich sein, so Bist du in Mir
allerbestens aufgehoben.

Freu` dich an dem, was du dir Bist und freue dich, in
Mir zu sein, in der begehrenswerten Einheit aller
Wesen.

Wer kam, sah und siegte, wenn nicht *Ich* in Meiner
götterherrlichen Allüre.

Wenn's dann wirklich brenzlig wird, besorge *Ich* dir
guten Mut zum beispielhaften Überleben.

Recke dich und strecke dich so viel du willst, Ich habe
deinen Pfeffer längst gehorchen.

Reserven bilden ist bezaubernd schön, bezaubernder ist,
sie verschenkend aufzulösen.

Deinem Wohlverstand gemäss versuche Ich dich
aufzurichten in der penetranten Seelennot.

Aus eins mach zwei und dann unendlich vieles
mit der Güte deiner Liebestaten.

Blanko kann Ich dir nichts geben, aber im unendlichen
Vertrauen schon.

Restauration von Meiner Seite schenkt dir aberviel. Was
hast *du* von deiner zuzulegen?

Was bleibt dir noch zu tun, nachdem Ich Mich an dich
verloren habe? Meinem Stil zu folgen in der liebevollen
Tat.

Ich attackiere nichts und niemand, weil sich jeder selber
ins Verderben oder in die Wohlgefälligkeit spediert.

Worum bemühst du dich in deinem Dich-Verwundern,
wenn es doch mit Meiner Hilfe wesentlich beschwingter
ging?

Ich eröffne dir begehrenswerte Perspektiven im
Gewinde deiner Zeit und deiner zwingenden
Notwendigkeiten.

Was kommst du dir so wichtig vor und bist doch ein
Banause, vor Meinem blauen Himmelstor und Meiner
stillen Klause.

Eine gute Kinderstube kann dir viel Verdruss ersparen
im lebelangem Jugendstil.

„Mir mangelt nichts", kann kaum einer von sich sagen,
trotz dem Überfluss in seinem Seinsrevier.

Suchst du das Licht, du findest es in dir,
von Mir hineingetragen.

Wer untersteht sich, Mir die Stirn zu bieten? Bitter
könnten Meine Gegner es bereuen.

Ich ziele und ziehe aufs Ganze
mit heiligem Schwur.

Knurrt dir der Magen, knurrt deine Seele
noch viel mehr.

Wo sitzen deine Vögel, wenn nicht in des Köpfchens
liebelächelnder Struktur.

Spielst du dich aus, so wickelt dich gewiss ein Gauner
um den Finger in bedächtiger Manier.

Die Balance zu finden zwischen Mehrwert und Malheur
obliegt vor allem Mir und Meinen genialen
Kombinationen.

7.3

Hängig ist bei dir so vieles, was am Nagel hängt,
statt auf dem Arbeitstisch zu liegen.

Wie kannst du nur so lässig sein, wo doch
so viele Münder laut um Hilfe schreien.

Worinnen willst du dich am besten baden?
In dem Brei, den du dir selber zugelegt.

Wer prüft dich, wenn du Mich verlassen hast,
auf Zuverlässigkeit und sittliches Betragen?

Was kann dich mehr begeistern als Mein Wort der
tausend Seinsverbindlichkeiten.

Woran erkennst du, dass Ich dich vermisse?
An der Sehnsucht nach dem Himmel, die dich quält.

Wie viele Male hast du dich verstiegen, ohne zu
bemerken, dass Ich dir damit aus dem Malheur geholfen
habe.

Der Sand in deinen Augen hindert dich daran, die Welt
im Klartext wahrzunehmen.

Probehalber kannst du viel vermeiden,
erreichen aber nie

Gefährlich wird es erst, wenn du über den „point of no return" gestolpert bist.

Wie schicklich ist es, dass du handeln oder warten kannst, nach deines Sinns Belieben.

Trägst du hinauf so musst du bald auch wieder talwärts tragen.

Bricht das Wetter in sich selbst zusammen, stellt es die Sonne strahlend wieder her.

Traust du dich, Mir aufzuwarten, habe Ich was übrig für dein vielgeliebtes Seinsgefühl.

Meldepflichtig sind bei Mir nur deine peinlichsten Affairen.

Gleitest du wie eine Feder sanft dahin, wird dich Mein Windhauch immer weiter höhwärts tragen.

Woran du krankst, wird meist auch heilend auf dich wirken.

Manch einer ist die Güte in Person und müht sich ab, es mit sich selber gut zu meinen.

Deine Seinsgefühle klingen merklich auf und ab -
auch ohne Ton.

Was relevant ist hadert meist mit seinen schicklichsten
Eleven.

Was kann dir wohl am Meisten bringen?
Wenn du dich komplett an Mich verlierst.

Wie kannst du dich so wegen nichts und wieder nichts
ereifern, derweil Mein Eifer dahin zielt, die absolute
Ruhe zu bewahren.

Wer kann, der soll das Gute tun und dem Miserablen
strikt die Türe weisen.

Sprüche klopfen kann nur einer, dem die Worte
leichthin von den Lippen fahren. Was hast *du* in dieser
Hinsicht anzubieten?

Wer ruft da aus: es geht nicht mehr,
wo *Ich* ihm doch die Stange halte.

Solang du Mir nicht folgst,
wird es dich noch manche bittre Träne kosten.

Ordentlich bescheuert bist du, wenn du glaubst, ohne
Meinen genialen Ratschlag auszukommen.

Am Ende wird noch alles gut, weil *Ich* mit Meinem
Regime soviel Sicht und Einsicht generiere.

Was Ich von dir will, sind Zähigkeit im Ringen und
Vertrauen in der Tat.

Wohin verschlägt es dich von Mal zu Mal, derweil du
glaubst, das Pfauenrad zu schlagen.

Mit linder Sorgfalt führ Ich dich dorthin, wo du
deines Seiens Gleichmass wieder findest.

Ich bestimme deines Daseins sinuöse Traktion, derweil
dein Wille mutig sie befährt.

Was trägst du dazu bei, dass deine Welt sich fugenlos
an Meine schmiegt? Alles oder nichts?

Könntest du nicht etwas leiser reden, wenn du Millionen
von Mir forderst.

Letztlich jetzt genügt es noch, dich angemessener als
bisher zu benehmen.

Die Summe deiner Taten ist ein Teil der Weltensumme,
die alle zu prestieren haben.

Brandneu muss alles in der Zeitung stehn, wenn es auch wiederkäut was längst schon einmal war.

Gewandtheit kann dich mächtig vorwärtsführen, doch nur die Lebensliebe führt dich ungesäumt zu Mir.

Zuletzt wird nur Vollendung sein in Meinen hocherhabnen Händen.

Ich halte dich für lupenrein, um *Meiner* Sicht und Sonne Durchlass zu gewähren.

Wie artig kommst du Mir daher mit deinen Sinnlichkeiten und lässest dich zu mehr und mehr am Ende doch verleiten.

Wie erträgst du, was *Ich* dir beständig auf die Schultern lege? Indem Ich dir die Last erleichtere durch Meine wohlbedachten Interventionen.

Kommst du drüben an, so wirst du von Mir wie ein Fürst mit flatterndem Ornat empfangen.

Wer beginnt, dich wachzurufen, wenn nicht Ich in Meiner nonchalanten Art, dir die rechte Weisung zuzumuten

Ich mache dich bekannt mit hunderttausend Definitionen, die Mein Sein beschreiben, feierlich und folgenschwer.

Soforthilfe kann Ich dir gewählten, wenn du sie erbittest hoch und her.

In Minne kannst du dich mit Mir vereinen, auferweckt durch Meinen lichterlohen Strahl.

Monster kann Ich nicht in Meinem Kabinett gebrauchen, aber mustergültige Getreue schon.

Zuerst die Pflicht - und diese will Ich mit Glückseligkeit Elysiens belohnen.

In weiten Kreisen bist du jederzeit von Mir umfangen, und sie werden enger, dir zum wohlverdienten Lohn.

In der Grazie des Allerhöchsten liegt dein allergrösstes Wohl.

Wo Sand ist im Getriebe treibt sich auch der Unmut knirschend um.

Kostspielig kann es werden, wenn du nicht begreifen willst, wie sehr Ich dich in deinem Sein behüte.

Beschwingt und magistral hat er das Kabinett verlassen,
nachdem ihm Recht geschehn, gewissermassen.

Was kümmert dich so sehr? Dass du verkennst, was Ich
bedeutendes für dich bereitet habe.

Der Heurige ist heut besonders süss, weil du ihn an der
Seite deiner süssen Braut geniessest.

Auf jeden Fall sollst du dich wie ein echter Gentleman
benehmen.

Wer hätte das gedacht, dass du so clever bist in diese
Falle nicht zu tappen.

Wenn es dir gelingt, für eine Weile die Gedanken
aufzuhalten, kann Ich dir Mein Wortspiel in die Seele
raunen.

Für den Moment Bin Ich für deine Kapriolen nicht zu
haben, später aber schon.

Wir besingen, was wir sind und sind uns nicht bewusst,
wieso.

Das Köstliche ist auch für dich vorhanden, du brauchst
es nur auf rechte Weise aufzugreifen

Mängel sollen dich nicht daran hindern, korrekt zu sein
in deinem seinserhobenen Gehaben.

Was traust du deinem innern Auge zu?
Mich zu erschauen in der Glorie der Weltenzeiten.

Kommst du zu spät,
Bin Ich zu früh gekommen.

Ich schicke dich in Meine Gärten, damit du dich in
ihrem Wohllaut wie im Paradies erfühlst.

Wo immer du dich hinbewegst
durchwanderst du den Zauber Meiner Kompositionen.

Das Schöpferische trägt dich höhwärts zu den Myriaden
Sternen.

Wie kannst du nur verzagen, wo Ich dich wie eh und je
am krisensichern Bändel halte?

Was fühlst du dich verlassen, derweil dich Mein
Empfinden all so sänftiglich berührt.

Gehst du nach innen, gehe Ich um deinetwillen weit aus
Mir heraus.

Behänd verschwinden jene, die vor jeder Forderung das Weite suchen.

Wie lang kann das noch dauern, dass du Meine Gegenwart vermissest, obwohl Ich immer bei dir Bin.

Kein Weg ist zu lang und zu schmal um zu Mir zu kommen in deinem wankelmütigen Gemüte.

Kennst du die Kerle, die dir unverblümt am Wasser graben, kannst du sie schleunigst aus dem Wege räumen.

Wie niedlich machen sich die Schwerenöter, die nach Meinen Gaben Schlange stehn.

Und überhaupt brauchst du dich über Meinen Einsatz niemals zu beklagen.

Keine Macht der Welt vermag, Mich auch nur mit den Fingerbeeren anzurühren.

Eine Meldung wie vom Jenseits spricht dich innig an: sei und singe unbekümmert und gewissenhaft dein Lied.

Wem sagst du was schlussendlich ist und war? Gewiss nicht Mir in Meiner formidablen Höhenlage.

Was die Zukunft bringt ist schon geheimnisvoll und trächtig in dein Herz geschrieben.

Zuerst soll immer Ich auf dem Programm und auf der Liste stehn mit Meinen fabelhaften Referenzen.

Ohne Mich geht nichts im Staate Dänemark, geschweige denn in deinem.

Das Markante an Mir sind die strömenden Unendlichkeiten, die Ich Meinem Schöpferwerk gewidmet habe.

Spontanes ist meist rasch verglommen, derweil Durchdachtes das Beständigsein erlebt.

Ohne Effort geht es nicht, da kannst du noch so viel Geschirr und Grütze zur Verfügung haben.

Willst du dich vor Mir bewähren? Hand aufs Herz, nur mit dem Blick zu Meinen Geisteshöhn.

Der Morgen lässt dich frei, der Abend holt dich wieder ein mit seinen Kuriositäten.

Man sagt, es sei verboten, sich vor Mir tüchtig aufzuspielen. Doch wenn du gar nicht spielst, kann Ich's noch weniger prestieren.

Solang du Mich nicht kennen magst,
kann Ich keinen Finger für dich rühren.

In ein Gejammer ohnegleichen brichst du aus,
wenn Ich dich nicht sogleich erhöre.

Worüber willst du einst verfügen: über glänzende
Moneten oder über Meinen Gnadenstrahl?

Ich muss dir allen Ernstes zu bedenken geben, dass
Mein Wille andere Prioritäten setzt als deiner.

Wovon hast du mehr, von *deinen* Eigenheiten oder von
den Meinen?

Krankst du am Weisesein, kann Ich dir unverzüglich
wieder auf die Beine helfen.

Bewegst du dich dem Sternenall entgegen, bist du bald
in wundervollen Zügen bei Mir aufgehoben.

Das Mustergültige kommt bei Mir bestens an und weitet
deine Ansicht Meinem Sternensein entgegen.

Nicht zu Unrecht gibst du Mir zu denken, weil dein
Wille viel zu oft noch flöten geht.

Partiell magst du recht ordentlich gedeihen, doch über alles gibt's an dir noch aberviel zu tun.

Wie der Wind weht, müssen alle Bäume ihm den Rücken kehren, du aber sollst ihm unbeirrt frontal entgegenstehn.

Sitzt dir noch der Schrecken in den Gliedern, muss er doch zeitig wieder schlafen gehn.

Klare Linien kommen dir von Mir entgegen, damit du ihnen nachgehst in des Seinsvertrauens Allegrie.

Melodiöses Seinsverhalten klingt Mir über allem anderen besonders schön.

Gelingt es dir an Meinem Götterschicksal anzudocken, darfst du wie im sichern Hafen schaukelnd Wache schieben.

Ich trage Sorge um die Meinen, aber eben, Meine müssen sie erst sein.

Tatkraft, guter Wille und Erfahrung sind geboten, um vor Mir und Meinen Geisterscharen regelrecht Allotria zu treiben.

Ohne Meine Winke zu beachten, kannst du nicht geistkonform durchs Leben paradieren.

Was du noch unternehmen solltest ist,
dich fürs Unendliche zu reservieren.

Weisst du denn, wie zimperlich du Bist im Angesicht
der Sternenwelt der du unmerklich, aber innig
angehörst.

Verflixt und zugenäht, nun hast du dich schon wieder
an der Würde deines Seins vergriffen.

Mit dem Käse ist es so, dass er nur richtig schmeckt,
im Fleische aufgewogen.

In Grund und Boden schämen sollst du dich, wenn deine
Aktionen nur aufs Geldverdienen zielen.

Was geht dich Meine Ansicht an, du willst ja doch nicht
von ihr zehren.

Ohne Zwischenfälle kannst du nicht durch deine Werft
spazieren, aber fall Mir bitte nicht zu tief.

Das Lausige lässt immer auf ein lausiges Gewissen
schliessen.

Mitteilsam und offen Bin Ich für die Seinsvernünftigen,
die bodenständig zu Mir halten.

Bist du freundlich, freunden sich selbst grosse Tiere
mit dir an.

Zu zweit lässt es sich besser rudern als allein in der
Unendlichkeit der Geistessphären.

Im Klartext heisst das: Millionen seid nicht
ausgewunden, sondern lieb umschlungen
von den Geisteskräften im Allhier.

Ludwig Weibel
Lebt in CH-9200 Gossau SG
www.das-sein.ch
ludwig.weibel@hispeed.ch